AF747633

# Regard sur le secteur minier guinéen

Dr Fodé DIABY

# Regard sur le secteur minier guinéen

Préface d'Ibrahima Soumah

L'Harmattan

**© L'Harmattan, 2017**
**5-7, rue de l'École-Polytechnique, 75005 Paris**
http://www.editions-harmattan.fr
ISBN : 978-2-343-11047-9
EAN : 9782343110479

# Sommaire

## Dédicace

— A mes parents Elhadj Thierno Souaïbou Diaby, Feu Hadja Djiba Camara, Hadja Mariama Diallo ;

— À mon épouse Hadja Saran Traoré, Ingénieur, chef de section à la Direction technique du Port autonome de Conakry;

— A mes enfants : Mme Fatoumata Diaby, Assistante Manager à l'Aéroport Charles de Gaule Paris ;

Mme Traoré Aissata Diaby, Diplômée en Économie-Finances ;

M$^{elle}$ Maguette Diaby, étudiante en Droit à l'Université Kofi Anann de Guinée ;

M$^{elle}$ Fatoumata Diaraye Diaby élève ;

— À mon jeune frère : Feu Boubacar Diaby ex-employé à la SBDT, que le destin nous a arraché le 30 mars 2016, pour le repos de son âme !

# PRÉFACE

*Le livre écrit par Dr Fodé DIABY et intitulé « Regard sur le Secteur minier guinéen » est un véritable diagnostic sans complaisance de l'activité minière en Guinée.*

*Le grand mérite de Dr DIABY a été d'aborder avec professionnalisme, et de faire une analyse approfondie des secteurs aussi importants en Guinée, entre autres, que l'exploitation artisanale de l'or.*

*Il en est de même de l'épineuse question de la collecte et de la redistribution des revenus tirés de l'exploitation minière en Guinée.*

*Les explications et les recommandations faites par Dr DIABY font de son ouvrage une véritable référence en la matière.*

*Bien entendu, cette appréciation positive de l'auteur ne surprend guère au regard de son cursus universitaire et de son parcours professionnel sur le terrain au contact des réalités et des communautés locales.*

*Je recommande vivement aux jeunes cadres, aux universitaires et même aux décideurs de considérer Dr Fodé DIABY, de par la qualité et la richesse de son ouvrage, comme une personne ressource de premier plan, et de prendre en compte à chaque occasion ses conseils et précieuses suggestions.*

**Ibrahima SOUMAH**

Ancien ministre des Mines

# AVANT-PROPOS

Ce livre est avant tout technique et scientifique. Il s'adresse en particulier au Pouvoir public, à l'Administration minière en charge de la gestion du patrimoine minier, aux législateurs, aux ingénieurs, aux financiers intervenant dans le mécanisme de gestion des ressources minières.

Les problèmes ainsi soulevés et traités sont loin d'être parfaits. Néanmoins, ils constituent une amorce pour un débat plus élargi dont l'issue contribuera sans nul doute à l'amélioration des revenus tirés de ressources du pays.

Sont aussi concernés, les jeunes débutants de divers profils, qui y trouveront des informations utiles devant servir à l'amélioration de leur capacité professionnelle et de prise de décision.

Il serait souhaitable que ce travail soit approfondi par d'autres avec plus de visibilité sur le secteur minier, en donnant des informations précises et objectives en vue d'orienter les décideurs sur les solutions à apporter au secteur minier guinéen.

Qu'en soient remerciés tous ceux qui ont accepté avec bienveillance de m'accorder leur soutien pour faciliter l'élaboration de ce livre. Qu'ils trouvent à travers ces pages l'expression de mes sentiments dévoués et respectueux.

Ma pensée rejoint en ce moment précieux :

— Tous les Cadres du Ministère des Mines et de la Géologie ;

— Mes anciens collaborateurs de la Direction Nationale de la Géologie et des Mines ;

— Mes collaborateurs de la SBDT et que Mr Golamreza Hemmati Directeur général de la société, Dr Pépé Délamou, Ing. Abdoulaye Barry, Hossen Roshan-Zamir assistant du Directeur soient vivement remerciés.

— Mes camarades de promotion de la Faculté de GEO-MINES de Boké et du Ministère des Mines et de la Géologie ; la Direction du CPDM ;

— A Madame Konaté Kadiatou Soumah pour sa disponibilité et l'aide apportée pour la mise en page de ce livre.

# LISTE DES TABLEAUX

# INTRODUCTION

Un regard sur les activités minières en Guinée peut être considéré comme une action qui permet de porter la vue sur ce secteur, au besoin d'examiner tous les traits caractérisant son développement.

Cette vue d'ensemble de cet important potentiel pour lequel il a été mis en place un programme conséquent d'exploitation, et de valorisation pourrait contribuer à ouvrir un débat autour de ce domaine vital de l'économie nationale.

Un tel exercice a pour but de vouloir partager avec l'Administration en charge de la gestion de ces ressources, une réflexion sur les activités de recherche, de développement et de réglementation en Guinée.

Il est mondialement reconnu que la République de Guinée est un pays riche en substances minérales, mais tarde encore à amorcer un véritable décollage économique.

C'est la raison pour laquelle les questions essentielles de la gestion et de l'exploitation du potentiel minier ont été largement abordées dans ce livre à l'effet de promouvoir une intensification de la recherche, l'optimisation et la diversification de la production.

Les problématiques liées au développement des projets et celles concernant la mise en œuvre des conventions, l'immobilisme des services d'exploration et les difficultés de sécurisation des revenus ont été constatées.

Les revenus fiscaux directs et indirects de l'activité pour l'État et les collectivités sont mentionnés et une analyse des statistiques montrant des anomalies, présente des perspectives et ouvre la porte à des méthodes d'amélioration.

Ces données ont permis de statuer sur la tendance réelle du secteur minier dont le cadre géologique donne de larges perspectives de développement, malgré le retard accusé pour la valorisation des substances minérales.

La Guinée doit être à mesure de mettre en place une stratégie pouvant faciliter le développement des ressources, en évitant des pertes de temps dans l'exécution des programmes et en saisissant toutes les opportunités intégrant plus de réalisme dans les prises de décisions.

Pour cela, elle trouvera les moyens financiers et l'expertise technique nécessaire pour inverser la tendance actuelle, en orientant tous les efforts pour réussir dans le pays la transformation des matières premières.

Aussi le manque d'infrastructures de transports, énergétiques et de ports d'évacuation des minerais, constitue un sérieux handicap pour le développement des mines, mettant en cause la réalisation de nombreux projets.

De par sa position, le Secteur minier est bien une source de revenus pour le pays, mais les données statistiques montrent que les montants perçus sont relativement faibles à cause des anomalies constatées au niveau du mécanisme de perception des fonds, d'où un besoin de créer les conditions pour les sécuriser.

On note que l'exploitation artisanale minière telle que pratiquée en Guinée, principale activité des communautés dont l'impact n'est pas satisfaisant, donne cependant à l'État des recettes non négligeables.

La Guinée a besoin de se développer en profitant de ses immenses possibilités économiques pour assurer sa présence sur le marché mondial, en créant des conditions favorables à son insertion dans les filières de la bauxite, de l'alumine, de l'aluminium et du fer, cela dans un avenir très proche.

Ce rêve est celui de tous les fils du pays, de vouloir bâtir une nation forte dans un monde en perpétuelle évolution économique, en y apportant une modeste contribution à travers la construction en Guinée d'une industrie minière de référence.

Pour réussir une telle ambition, la Guinée, en plus de la volonté politique, a adhéré à l'Initiative pour la Transparence dans l'Industrie extractive (l'ITIE) ; elle bénéficiera de cette institution internationale de l'appui dans le cadre du contrôle de la production, de la sécurisation des revenus et pour l'amélioration de la gouvernance dans le Secteur minier.

## De ma formation à ma vie professionnelle

C'est en 1978 que j'ai obtenu mon diplôme d'ingénieur géochimiste avec la mention remarquable à la Faculté des Mines et de la Géologie de l'Institut Polytechnique Gamal Abdel Nasser de Conakry sur le thème : « Position structurale, Morphologie et Géochimie des intrusions mésozoïques de la Guinée maritime ». Promotion Almamy Samory Touré ($9^{ème}$Promotion de l'IPGAN).

Ainsi le destin a guidé mes pas à l'Institut Valery Giscard d'Estaing de Faranah, après un bref séjour à l'École Nationale des Arts et Métiers de Conakry en qualité de professeur d'université chargé des cours de géologie de la Guinée et de l'Afrique aux étudiants de la faculté de Géologie-Mines de Boké restés à Conakry pour achever le programme du premier cycle.

À l'Institut Valery Giscard D'Estaing (IVGE) de Faranah, avec Dr Ahmed Tidjane Souaré, ancien Premier ministre nous avions su trouver les ressources nécessaires pour contribuer efficacement à la formation de nombreux ingénieurs agronomes, pédologues et aménagistes en leur donnant une parfaite connaissance du sol, de la géologie, de l'hydrogéologie et de la cartographie des sols de Guinée

Nous avions partagé nos expériences avec des collègues professeurs au cours des débats scientifiques, pour lesquels je garde les meilleurs souvenirs de notre séjour à l'Institut de Faranah, qui était devenu un véritable centre de rayonnement scientifique du pays.

En 1980, j'ai bénéficié d'une bourse de formation en France à l'ACTIM qui est une Agence de Coopération technique en ma qualité de Chef de chaire de Pédologie, suite à une mission de travail effectué par une délégation française à l'IVGE de Faranah. Ce voyage m'a ouvert la chance de conclure avec mon épouse mon départ en Bulgarie pour une étude postuniversitaire de1983 à 1989.

C'est après une année d'apprentissage de la langue bulgare que je fus inscrit à l'Institut Supérieur des Mines et de Géologie de Sofia. Le Doyen de la faculté chargé des étudiants étrangers a écrit en attestant que « le citoyen guinéen M. Fodé DIABY a été inscrit en 1984 à l'institut supérieur des Mines et de Géologie de Sofia en tant que candidat au Doctorat devant terminer sa formation le 20 juillet 1989. Il a eu à élaborer le thème suivant : "L'or du gisement alluvionnaire de Matagania en Guinée".

Conformément à son plan individuel de travail, il a passé ses examens à temps avec les mentions suivantes : 1. Philosophie — très bien ; 2. Spécialité-excellent ; 3. Langue bulgare-excellent.

Au cours de son séjour à l'institut supérieur des Mines et de Géologie l'ingénieur Fodé DIABY a pris connaissance et maîtrisé différentes méthodes de recherche et de prospection des minéraux utiles et plus spécialement les méthodes granulométriques, morphométriques, la composition, les propriétés physiques (pouvoir réflecteur, microdureté, roentgénographie) de l'or.

Une grande partie de ces méthodes est utilisée pour la première fois pour l'étude de l'or alluvionnaire et est d'une grande utilité pour son activité ultérieure en tant que spécialiste.

Il a fait preuve d'un vif intérêt et de ténacité lors de sa formation théorique et pratique dont le but a été d'étudier les caractéristiques morphométriques de l'or en vue de la détermination de son origine primaire et de la genèse des alluvions ; au cours de cette période, il a réussi à maîtriser la langue bulgare.

Lors de ses études en Bulgarie l'ingénieur Fodé DIABY a acquis des connaissances approfondies en matière de géologie et de types industriels des minéraux utiles et s'est familiarisé avec les nouvelles méthodes de laboratoire pour l'étude des minerais et en particulier des gisements aurifères. Il a visité et pris connaissance de certains gisements de minerai en Bulgarie. La formation théorique et l'expérience pratiques acquises seront d'une grande utilité pour son activité en tant que spécialiste et chercheur en Guinée. M. Fodé DIABY a publié 4 articles ayant trait au thème de sa thèse.

Un de ses articles est paru en anglais dans l'Annuaire de l'Institut supérieur des Mines et de Géologie et les deux autres sont acceptés pour la publication. Quant à ses qualités personnelles, il est intelligent, sa conduite est irréprochable, témoigne du respect et de l'amabilité envers ses collègues ».

Au retour dans son pays, Dr Fodé DIABY, titulaire d'un doctorat Ph.D avec Mention Excellent, a formulé une demande d'affectation auprès du Ministère de l'Enseignement supérieur pour le Ministère des Ressources naturelles. Le Directeur national des Mines en exécution des instructions relatives à l'appréciation de sa demande a présenté la note technique suivante à sa hiérarchie. « À la suite de la lecture du résumé de la thèse de Doctorat accompagnant sa demande (traduit du bulgare) et des discussions et échange d'informations avec l'auteur, il se dégage ce qui suit :

1- Le thème présenté est d'un intérêt beaucoup plus scientifique que pratique, il mériterait d'être poursuivi par l'auteur.

2- En plus des généralités répondant à la méthodologie classique de présentation d'une thèse, l'auteur s'est intéressé essentiellement à l'étude granulométrique et aux caractères morphologiques de l'or et du gisement alluvionnaire de Matagania, méthode très employée actuellement dans l'étude des gisements aurifères.

3- L'auteur a donné de plus amples informations sur le travail présenté et a fourni des explications sur la méthode utilisée dans l'optique de l'application pratique de cette étude au gisement aurifère de Matagania (Dinguiraye)

4- L'auteur a une connaissance théorique certaine, mais devant être complétée par la pratique.

5- Cette thèse constitue un document dont la traduction entière doit obligatoirement être faite en français afin de la rendre accessible.

Compte tenu de ce qui précède et des besoins du Département en cadres spécialisés, nous estimons que le candidat pourrait être utilisé dans :

1° Le projet Dinguiraye où l'application scientifique et pratique de son travail pourrait se poursuivre.

2° L'une des Directions techniques ci-après : Direction Nationale de la Géologie ou Direction Nationale des Mines ».

C'est ainsi que Dr Fodé DIABY s'est retrouvé à la Direction Nationale de la Géologie en 1990 en compagnie de Dr Aliou Cissé, Dr Fodé Amara Camara et Dr Alpha Diallo qui nous a rejoints plus tard. Cette Direction est l'une des plus prestigieuses du pays ayant une longue expérience en matière de recherche géologique, de cartographie et d'inventaire des substances minérales. Malgré quelques difficultés d'adaptation au sein de cette Institution, les débats techniques et les échanges d'expérience entre cadres ont facilité une saine collaboration tout en éloignant de notre vie quotidienne des préjugés qui ont cédé le pas à une atmosphère de confiance et de convivialité. Cette entente a permis de relever certains défis concernant le développement des activités du service et tous les cadres ont été sollicités dans les groupes de travail pour trouver des solutions idoines à des questions spécifiques liées à l'exercice du métier de géologue. La réflexion sur la redynamisation de la recherche géologique a été confiée à Dr Fodé DIABY et aux ingénieurs Thierno Shita Diallo et Mohamed Kaba suite à l'expiration du contrat de levé géologique autrefois financé par l'URSS.

Les résultats des investigations ont été présentés à la hiérarchie et le groupe a sollicité la création d'un fonds minier qui sera chargé de la poursuite des travaux de recherche géologique. Il a suggéré également l'instauration d'une taxe sur le carburant pour l'approvisionnement de ce fonds qui est devenu aujourd'hui le Fonds d'Investissement minier.

Aussi la participation de Dr Fodé Diaby et des ingénieurs feu Madani Baldé, Hassimiou Diallo, a été demandée par la Direction pour le renforcement de l'équipe du levé géologique de la feuille Tougué III en Moyenne-Guinée sous la coordination de l'ingénieur Ibrahima Kalil Soumah Chef de Projet.

Après un travail laborieux de cette équipe, Dr Fodé Diaby est rentré à la Direction nationale de la Géologie avec tous les honneurs et toutes les félicitations de Mr Alkaly Facinet Camara Directeur National de la Géologie, et de ces éminents ingénieurs de haut niveau de qualification technique avec lesquels il était sur le terrain. C'est à la suite de cette distinction que Dr Fodé Diaby a été nommé en 1991 en qualité de Géologue en chef du projet Dian-Dian chargé de l'Étude de Faisabilité pour l'exploitation de la Bauxite, la construction de l'usine d'alumine et des infrastructures de transport du projet. Cette Étude a été effectivement réalisée.

En 1992, Dr Fodé DIABY a fondé la Société Internationale pour le Développement Minier pour la Recherche de l'Or et du Diamant (SIDEM sa) en compagnie de Dr Aliou Cissé actuel Directeur National de la Géologie et Feu Mr Fodé Cissé ancien haut fonctionnaire directeur de la Radio Diffusion nationale. Il a assuré les fonctions de coordinateur, Directeur général adjoint et Administrateur délégué du Conseil d'Administration auprès de la Direction générale de cette Société.

La SIDEM a été la première société minière privée créée par des Guinéens avec une participation de 49 % des actions pour la partie guinéenne et 51 % pour les partenaires.

Le projet de la SIDEM avait pour objet l'exploration de l'Or et du Diamant dans la préfecture de Kankan. Les associés ont abouti à l'Étude de Faisabilité et ils ont été dépossédés en 1997 de leur concession par abus de pouvoir.

En 1993, Dr Fodé DIABY a été nommé comme Chargé de la Recherche au niveau de l'Administration centrale par le Ministère de l'Enseignement supérieur et la Recherche scientifique. Il est auteur de plusieurs publications scientifiques et techniques ayant une longue expérience et une parfaite connaissance de la gestion des entreprises minières, du développement des projets et des conventions miniers. En 2001, Dr Fodé DIABY assure les fonctions de Coordonnateur du Projet d'Appui à l'Exploitation Artisanale de l'Or et du Diamant en Haute Guinée – PPISM /MMG.

Au cours de l'année 2002, il a contribué à l'exécution du Programme des Nations Unies pour le Développement dans le cadre d'un Séminaire tenu à Yaoundé au Cameroun du 19 au 22 novembre sur « la Mine Artisanale et Mine à petites échelles en Afrique : Identification des Bonnes Pratiques et Construction des Moyens d'Existence durable au sein des Communautés ».

Il a également réussi dans le cadre du projet d'appui à l'artisanat minier à obtenir un financement de l'Agence Française de Développement (AFD). C'est au cours de sa tournée pour la mise en place des antennes préfectorales en charge de l'exploitation artisanale qu'il a été promu en 2003, Directeur général adjoint de la Société des Bauxites de Dabola-Tougué (SBDT). Le séjour de Dr Fodé DIABY à la SBDT lui a permis de comprendre la nature des problèmes liés à la mise en œuvre de ce Mégaprojet dont le Gouvernement guinéen détient 49 % des actions et 51 % pour le Partenaire iranien. La mine située à près de 400 km des côtes était confrontée essentiellement à des difficultés de transport et d'évacuation de sa production, aujourd'hui complètement résolues, permettant ainsi à la SBDT de continuer le développement de son projet qui se trouve actuellement en phase de réalisation.

# CHAPITRE I

# GÉNÉRALITÉS SUR LA GUINÉE

La République de Guinée, pays indépendant le 2 octobre 1958 couvre une superficie de 245 857 km$^2$ ; elle est située entre les coordonnées 7° et 12° de latitude Nord et 8° et 15° longitude Ouest, s'ouvrant à l'Ouest à l'océan Atlantique sur 300 km de côte ; elle est limitée sur la terre ferme par le Mali et la Côte d'Ivoire à l'Est, le Sénégal et la Guinée Bissau au Nord et au Sud par le Liberia et la Sierra Léone dans l'extrême Ouest du continent africain. La Guinée sur le plan géographique se compose de quatre régions naturelles qui sont la Guinée Maritime, la Moyenne Guinée, la Haute Guinée et la Guinée Forestière.

**La Guinée Maritime** abrite la capitale Conakry qui est bâtie sur la presqu'île de Kaloum. Cette zone englobe les domaines côtiers larges de 50 à 90 km avec des baies étendues, des lagunes marécageuses recouvertes de mangroves, les estuaires de nombreux fleuves. C'est la région des grands palmiers et de bas-fonds propices à la riziculture, aux plantations de bananes, d'ananas et de palmiers à huile.

**La Moyenne Guinée** est une région montagneuse et de hauts plateaux, comprise entre la Guinée Maritime à l'Ouest et de la Haute Guinée à l'Est. C'est une zone d'élevage des caprins, des bovins et des volailles, et on y pratique une agriculture de subsistance (fonio, maïs, patate, pomme de terre, ainsi que des légumes et autres). La Moyenne Guinée est la source de plusieurs grands fleuves de l'Afrique de l'Ouest : Gambie, Konkouré, Sénégal et c'est ainsi que la Guinée fut appelée le château d'eau de l'Afrique occidentale.

**La Haute Guinée** est caractérisée par les grandes plaines arrosées par le bassin du Niger et du Sénégal, on y pratique la culture irriguée du riz, l'élevage extensif de bovins, des ovins, des caprins, des volailles et d'autres activités agricoles concernant les tubercules (igname, patate et taro), la cueillette du karité et celle du néré, l'arboriculture (manguier, et oranger).

**La Guinée Forestière** est une région essentiellement couverte par une végétation dense, le relief y est très accidenté dont le sommet du mont Nimba se trouvant à une altitude de 1752 m est le plus haut de la Guinée. En plus de la culture vivrière (riz et tubercules), elle développe la culture du café, du kolatier, du palmier à huile, des bananes plantains, de l'hévéa et du cacaoyer. Le climat guinéen est caractérisé par deux saisons : la saison pluvieuse et la saison sèche qui est de courte durée dans la région forestière. La pluviométrie moyenne est de 2000 mm/an avec des pics de 4000 mm dans la zone de Conakry et de Coyah.

**Situation socio-économique :**

La population de la Guinée est de dix millions d'habitants, celle-ci est considérée très jeune et comprend 70 % de moins de 30 ans ; en plus elle est très féminisée avec 52 % de femmes, et la densité moyenne est de 28 habitants par km$^2$, avec une concentration de plus de 60 % de la population en milieu rural. Le taux brut de scolarisation (TBS) est passé de 30 à 80 % en 10 ans avec une progression plus rapide pour les filles. Ce taux place la Guinée en tête de peloton des pays de l'Afrique de l'Ouest et l'atteinte de l'objectif de l'Éducation pour tous (EPT) fixée en 2015. La Guinée possède un formidable potentiel agricole pour produire le riz, le maïs, les tubercules, les fruits et les légumes, elle réunit aussi des atouts importants dans les domaines de l'artisanat et de la culture. La principale difficulté dans ce pays réside dans la faiblesse de la valorisation des ressources naturelles et dans la mauvaise gérance de ses faibles revenus. Le PIB est de 500 dollars par habitant jugé être parmi les plus faibles du continent africain et sa croissance est souvent inférieure à la croissance démographique, ce qui a favorisé la croissance de la pauvreté de 2000 à 2004, passant de 40 % à 50 % en pauvreté absolue. (I Soumah, 2007) La mobilisation des ressources nationales n'atteint pas 11 % du PIB contre 20 % en moyenne dans la région, c'est la raison pour laquelle plus de la moitié du budget de la Guinée est comblée par l'aide extérieure (I Soumah, 2007). Globalement, en 2013 l'apport du Secteur minier a varié en PIB entre 14,6 % et 16,9 %. Dans la même période, la participation du secteur aux recettes propres de l'État est de 24 %, dont 80 % des recettes en devises.

On note qu'en dépit des résultats obtenus le secteur a enregistré une contre-performance en affichant une baisse de taux de croissance économique de 7,4 % en 2013 contre une baisse de 2,4 % en 2012 (Stratégie de Réduction de la pauvreté, 2014).

**Contexte géologique :**

Les ressources minérales qui font aujourd'hui de la Guinée un pays riche en potentiel sont tributaires des formations géologiques, sur la base desquelles ont été réalisés des travaux d'exploration et d'exploitation dont les produits sont commercialisés à des fins industrielles. Ces données sont répertoriées sur des cartes géologiques, métallogéniques, et des schémas tectoniques, pour une exploitation économiquement rentable de ce potentiel minier. C'est grâce à l'évolution spectaculaire des nouvelles technologies de l'information que la recherche géologique est devenue très rassurante et d'énormes progrès sont enregistrés au profit de l'économie mondiale, facilitant ainsi la découverte d'importantes substances. En Guinée au stade actuel des connaissances, la structure géologique se caractérise par un socle archéen ou libérien et le Protérozoïque inférieur ou Birimien sur lesquels reposent en discordance des formations sédimentaires d'âge allant du protérozoïque au cénozoïque.

**L'archéen ou Libérien (d'âge compris entre 2700 - 3500 M. A).**

Les formations archéennes sont composées essentiellement de granito-gneiss parfois rajeunies par les cycles orogéniques récents ; elles sont fortement plissées et métamorphisées et affleurent en Basse Guinée dans la région comprise entre Dubréka, Coyah et Forécariah, dans le triangle Mamou-Dabola-Faranah et en Guinée Forestière en formant de puissantes séries :

Série de kassila (Forécariah)

Série de kambui (Dabola)

Série Simandou (Nimba)

Les gisements de fer du Nimba et Simandou et les zones radio actives de Kissidougou, Beyla et Kérouané sont génétiquement liés aux formations archéennes.

**Protérozoïque inférieur ou birrimien (2500 — 1600 MA)**

Les formations Birrimiennes à composition générale de méta sédiments et de méta volcaniques se rencontrent dans la région de Kankan — Siguiri dans les séries de Marampa (Forécariah, Kindia) et dans les séries des Bassaris (Youkounkoun).

Les gisements d'or se rencontrent dans ces formations et aux roches basiques du Niandan Banié où se localisent l'essentiel des filons aurifères de la Guinée.

**Protérozoïque supérieur (1650 — 1200 MA)**

Les formations du protérozoïque supérieur sont localisées autour du massif du Fouta — Djallon et reposent en discordance sur le socle archéen ou sur le Birrimien.

Les formations les plus connues sont : la série de Youkounkoun constituée de grès fins et la série de Madina — kouta (Mali) composée de grés quartzeux. Cet ensemble a été étudié par la société COGEMA qui a mis en évidence d'importants indices d'uranium. Ces formations ont fait l'objet de beaucoup d'études, mais leurs relations stratigraphiques posent encore des difficultés à cause de la rareté de leurs affleurements dans la région et de la présence gênante de la latérite et des roches basiques (dolérites).

**Le Paléozoïque ou Primaire : (416 – 251 MA)**

Le Paléozoïque est représenté par les formations argilo-gréseuses de l'Ordovicien, du Silurien et Dévonien fossilifère, comportant d'importantes intrusions basiques liées à une phase tectonique intense.

La série de Pita se compose de grès quartzeux et de conglomérats. Des indices de manganèse sont connus dans les grès de l'Ordovicien près de la ville de Kindia. La série de Télimélé constituée d'argilites, et de grès contient beaucoup de minéralisations en fer.

**Le Mésozoïque : (251 – 65.5 MA)**

La Guinée a connu au Mésozoïque d'intenses activités tectoniques : une première basique représentée par la mise en place des sils et dykes de dolérites, la seconde est liée à l'intrusion des syénites et des roches ultrabasiques dont les Kimberlites, roches-mères des diamants.

**Le Cénozoïque : (65.5 — 1.8 MA)**

On groupe généralement dans cette ère le Tertiaire et le Quaternaire et est constituée de dépôts récents et actuels composés de latérites, de terrasses, d'éluvions et d'alluvions.

# CHAPITRE II

## LE POTENTIEL MINIER DE LA GUINÉE

Le potentiel minier de la Guinée est riche et varié. Malgré cet atout, le pays tarde à développer une véritable industrie minière et il est aussi important de noter qu'à date ce potentiel est loin d'être circonscrit de façon précise. Pour y arriver il y a lieu de :

— Combler le retard en matière de cartographie et d'inventaire des ressources minérales.

— Trouver dans les meilleurs délais une solution à l'épineux problème du financement de la recherche minière et de la certification des indices à travers les travaux détaillés dans les zones prometteuses en métaux de base et en métaux stratégiques.

— Élaborer un véritable programme de recherche en Guinée appuyé par un laboratoire de référence et un personnel de haut niveau formé pour les besoins de l'industrie en développement. La diversité des substances minérales issues des investigations indique très clairement qu'un effort important a été fourni par les Services techniques de la Direction nationale de la Géologie sous l'autorité du Ministère des Mines et de la Géologie. Les travaux d'évaluation du potentiel minier de la Guinée ont été réalisés essentiellement par le levé géologique à l'échelle 1 : 200 000$^{e}$ (voir tableau n° 1). Ce levé a permis d'identifier d'importantes réserves de bauxites et de fer dans plusieurs régions du pays ; diverses anomalies d'uranium, de chrome, de cobalt, de nickel et du cuivre auxquelles s'ajoutent de nombreuses découvertes d'or et de diamant. Les résultats ainsi obtenus ont suscité un réel intérêt pour la recherche en Guinée et ont contribué au développement du secteur minier. L'aide de la coopération internationale a été aussi d'un apport précieux en facilitant la mise en place d'un riche patrimoine minier qui sans nul doute constituera un moyen de développement certain du pays tout entier. Les détails des travaux d'exploration sont consignés dans divers rapports de missions qui constituent aujourd'hui l'ossature des bases de données du Centre de Promotion et de Développement minier (CPDM).

**Tableau N° 1 : Résultats d'exploration et de prospection des substances minérales par les Experts soviétiques et Guinéens au compte du levé géologique à 1/200 000, dont les travaux ont débuté en 1968.**

| *Substances minérales* | *Réserves* | *Teneurs* | *Zones d'extension* |
|---|---|---|---|
| *Bauxite (gibbsite et bohémite)* | *24 milliards de T.* | *40 à 50 %* | *Boké ; Gaoual ; Tougué ; Dabola ; Fria ; Kindia ; Télimélé ; etc.* |
| *Fer (Hématite ; goethite ; magnétite ; quartzite ferrugineux* | *9 milliards de T.* | *37 à 70 %* | *Nimba – Simandou ; Conakry ; Gaoual ; Faranah ; Forécariah ; etc.* |
| *Nickel* | *185 mille T.* | *0,7 à 0,9 %* | *Conakry* |
| *Titane* | *192 mille T.* | *75 kg/m3* | *Boffa et Boké* |
| *Calcaire* | *200 millions T.* | | *Siguiri ; Souguéta ; Mali ; Tougué* |

| | | | |
|---|---|---|---|
| *Chrome ; Cuivre ; Nickel et Cobalt* | *Anomalies* | | *Kakoulima ; Labé ; Kissidougou* |
| *Uranium* | *18 anomalies* | — | *Kembera-Gaoual ; sud-est de la Guinée (Firawa ; Bonodou ; Damaro) et Mali* |
| *Or* | *Réserves non évaluées* | *2,5 g/t dans les placers et 12 à 18 g/t dans les roches primaires* | *Siguiri ; Mandiana ; Dinguiraye ; Kouroussa ; Mamou ; Forécariah ; Labé ; Gaoual* |
| *Diamant* | *Réserves non évaluées* | *Très bonne qualité* | *Kérouané ; Macenta ; Kissidougou ; Beyla ; Guéckédou ; Kindia* |

***Source :*** *Direction nationale de la Géologie*

Ce tableau confirme les données des recherches coloniales sur la richesse de la Guinée en bauxite, fer et diamant (voir les banques de données, du CPDM) ; elles ouvrent de nouvelles orientations pour la certification des indices des métaux de base et des anomalies de l'uranium. Ces données ont une importance légendaire dans l'histoire de l'exploration minière et servent de bases de tous les travaux de prospection des substances minérales du pays.

**Bauxite :**

Le levé géologique lancé en 1968 a permis à la Guinée de connaître le potentiel bauxitique du pays qui s'élève à cette période à 18 794 millions de tonnes avec plus de 40 % d'alumine et se structure de la façon suivante :

1- Partie Nord-Ouest 12 071 millions de tonnes

2- Partie Sud-Ouest 1 723 millions de tonnes

3- Partie Centrale 1 500 millions de tonnes

4- Partie Nord-Est 3 500 millions de tonnes

La bauxite est le minerai le plus abondant de la Guinée, son potentiel place le pays à cette époque au premier rang mondial avec plus de 18 milliards de tonnes contre 5 milliards de tonnes pour l'Australie occupant dans ce cas, le deuxième rang en terme de réserves. Ces réserves à la lumière des connaissances actuelles sont considérées provisoires, elles augmenteront certainement avec le développement des travaux de recherches, de prospection et de levé géologique à différentes échelles. Les réserves actualisées sont plus de 40 milliards de tonnes avec une teneur de coupure de 40 % $Al_2O_3$.

**Minerai de fer :**

Selon la même source, les recherches menées indiquent un potentiel de plus de 18 milliards de tonnes titrant de 50 à 70 % de Fe, constituant principalement les gisements de Nimba, du Simandou et ceux de la presqu'île de Kaloum qui sont complètement envahis aujourd'hui par la ville de Conakry.

**Gisements du Nimba**

Les gisements de minerai de fer de cette région sont situés dans la partie guinéenne de la chaîne du Nimba, à l'extrême Sud-Est de la Guinée

Les différentes études menées sur le terrain ont permis de mettre en évidence quatre (4) grands gisements : Pierre Richaud, Sempere, grand Rochers et le Château, totalisant plus de 1.500 millions de tonnes titrant plus de 65 % Fe,

0,02-0,09 % S ; 1,1 % $AL_2O_3$ ; 2,5 % $SiO_2$ et des traces de chrome.

Compte tenu de l'importance des réserves et de la qualité exceptionnelle du minerai (principalement de l'hématite, dont l'épaisseur peut atteindre les 406 m avec un faible recouvrement de stériles), une société d'économie mixte MIFERGUI-NIMBA a été constituée depuis 1973 pour des fins d'exploitation.

**Gisements de fer du Simandou**

Situés au Sud-Est de la Guinée, à moins de 1000 km du port de Conakry, les gisements de cette région qui s'étendent sur 120 km ont fait l'objet de plusieurs recherches minières, notamment par l'ex-Bureau minier de Dakar, la Compagnie Minière de Conakry, Bureau de Recherches Géologiques et Minières (B.R.G.M) France et Tractionnel (Belgique).

Rio Tinto s'est intéressé à ce gisement de fer en 1996 et elle vient de remettre au Gouvernement guinéen une Étude de Faisabilité Bancable (2016) relative à l'exploitation, aux infrastructures de transports et d'évacuation du minerai de fer de Simandou.

**L'Or :**

L'exploitation de l'or a commencé en Guinée au moyen-âge où il a fait la puissance des grands Empires de l'Ouest Africain tels que l'Empire du Ghana et celui du Mali. À cette époque, le commerce de l'or se faisait à travers les routes transsahariennes à destination de l'Arabie et des pays méditerranéens. Du point de vue géologique, les importants gisements d'or de la Guinée sont liés aux roches du socle précambrien où ils se présentent sous forme de filons ou de placers. On les rencontre dans la région du géosynclinal birrimien et en bordure du bouclier guinéo-libérien où la minéralisation est liée à la tectonique disjonctive. Les réserves actuellement prouvées sont de plusieurs milliers de tonnes de métal. Les gisements prospectifs indiquent une teneur moyenne de 20 à 40 g/t de minerai. Le gisement axé sur la Préfecture de Siguiri couvre une superficie de 15 000 $Km^2$ avec des teneurs atteignant 60 g/t, et des pointes de l'ordre de 300 g/t de graviers. Les Services régionaux des Mines au cours des années 1981-1982 ont signalé des gisements d'or dans quinze (15) des anciennes régions Administratives sur 38 (Séminaire économique sur la Guinée)

**Le Diamant :**

Le diamant a été découvert en Guinée en 1932 par un prospecteur irlandais R. Dermody, dans le cours supérieur de la rivière Makona (Guéckédou) en Guinée forestière. En 1933, J. Gour trouve un diamant dans une rivière près de N'Zérékoré. Le diamant se rencontre en Guinée sous forme de gisements secondaires (éluvio-alluvionnaires et alluvionnaires des terrasses) et primaires (sources kimberlitiques). Les diamants de Guinée sont généralement de bonne qualité avec une nette prédominance en pierres de joaillerie. Les réserves totales sont estimées entre 25 et 30 millions de carats. Cette estimation est loin d'être exhaustive puisque les kimberlites de Guinée ne sont pas définitivement inventoriées et évaluées et beaucoup d'autres restent sans doute à découvrir. Les principaux gisements sont localisés à l'Est de Kissidougou sur le plateau Kouranko, au Nord et au Nord-Est de Macenta, à l'ouest de Beyla et de Kérouané (soit le triangle BEKIMA).

**L'uranium :**

De nombreuses anomalies d'uranium sont identifiées en Guinée et les travaux de recherche ont été réalisés par la

Société GEOSURVEY INTERNATIONALE. Tous les secteurs présentant des perspectives réelles de minéralisation en uranium furent sélectionnés sur la base d'intenses travaux de radiométrie répétée, sur des itinéraires des travaux miniers de contrôle en profondeur dans la couche altérée et par des analyses d'échantillons en laboratoires dans différents pays.

**Zone de Firawa (400 km$^2$) au sud-est de la région Administrative de Kissidougou ;**

La zone se caractérise par une structure annulaire renfermant cinq pics d'anomalie à très forte réponse en uranium face au thorium représenté seulement par des traces. La structure annulaire de la zone de Firawa rappelle un ancien cratère et les roches magmatiques de la place semblent être en majorité des formations alcalines, vu les fortes réponses en potassium. Ces types de formations sont généralement porteurs d'uranium et de nombreux minéraux rares.

Les travaux de confirmation effectués au sol à Firawa étaient très avancés et dans cette zone la teneur en plusieurs endroits variait entre 200 et 600 PPM dans les échantillons de tranchées.

**La zone anomale de Damaro (1 700 km$^2$) au sud-est de la préfecture de Kérouané ;**

Cette zone d'environ 90 km de long se caractérise par une anomalie régionale portant de nombreux pics à fortes réponses simultanées d'uranium et de thorium. Des travaux récents au sol ont permis le prélèvement d'un échantillon type de minerai d'uranium : la pechblende. Cette découverte autorise le classement de la zone dans le groupe à potentialité sérieuse en uranium ; elle relève de la même province cristalline.

**Zone anomale située à l'est de l'anomalie de Damaro (3 000 km²) ;**

Elle se caractérise par une haute réponse en uranium et thorium et de faibles réponses en potassium. Les dernières investigations ont recommandé des travaux de réduction du périmètre, cette zone semble en corrélation avec une structure circulaire. Ce fait pourrait être un indice très sérieux de minéralisation en uranium. Cet aspect également pourrait signifier la mise en place, dans cette province granitique de l'achéen, des roches alcalines minéralisantes.

**Zone anomale située près de la frontière de la Côte d'Ivoire (100 km²)**

Les anomalies sont caractérisées dans la direction d'Odienné en Côte d'Ivoire par la présence principale d'uranium contenant très peu de thorium et de potassium. La zone pourrait être programmée pour des travaux de confirmation au sol.

**Zone anomale de N'Zérékoré (300 km²) Sud-Est**

Les anomalies se caractérisent par une anomalie régionale s'étendant vers la frontière avec le Liberia. Le pic le plus important se situe pour le moment en plein centre de ville de N'Zérékoré avec de fortes réponses en thorium. L'affinité très poussée entre le thorium et l'uranium permet d'envisager la possibilité de rencontrer en profondeur, dans les zones de différenciation magmatique de fortes accumulations d'uranium. Il est nécessaire pour cette zone anomale de réaliser un ou deux sondages (sur les points forts). Les préfectures du centre de la Guinée : Kouroussa, Dalaba, Mamou et les îles de Loos situées au large de Conakry dans l'Océan Atlantique sont des zones favorables pour la recherche de l'uranium en milieu cristallin. Dans la zone cristalline des îles de Loos, des formations porteuses sont représentées par des syénites néphéliniques. Les analyses comparatives de ces syénites avec des syénites provenant du Brésil ont donné des teneurs similaires. Quand on se rappelle qu'une grande unité de production de concentré d'uranium est construite au Brésil en vue de tirer de ces syénites l'uranium, nous sommes en droit d'attendre, des nôtres en Guinée, aux mêmes conditions de rentabilité ; la syénite est une roche industrielle dont la demande ne fait que s'accroître. Quant aux zones de Kindia, Forécariah, Boké, et Tougué-sud, caractérisées par une structure sédimentaire, les perspectives sont également très fortes. Les formations gréseuses du paléozoïque (ordovicien-silurien-dévonien) et les conglomérats de base sont réputés comme roche-réservoir d'uranium dans le monde. Un grand développement de ces formations dans l'Ouest de notre pays peut y donner des accumulations économiques en uranium. La présence en Guinée des principales provinces géologiques pouvant receler d'importantes accumulations uranifères (cristallines, sédimentaires, zones intermédiaires, zones de remaniements géotectoniques, etc.) fera de notre pays dans un avenir très proche, l'un des plus grands producteurs d'uranium dans le monde.

**Métaux de base et autres substances minérales utiles :**

L'ensemble de travaux de recherche a été réalisé par la Société GEOSURVEY INTERNATIONALE, et portait sur un relevé régional par géophysique aéroportée, suivi d'une reconnaissance au sol. Les méthodes d'investigation utilisées comportaient la magnétométrie aérienne et au sol, la spectrométrie et l'électro-magnétométrie à basse fréquence. Le suivi au sol était basé sur la géologie, la géochimie et la géophysique. Les travaux de GEOSURVEY, qui ont couvert l'ensemble du territoire national, ont permis de définir des provinces minières potentielles en divers minéraux utiles. Les zones principalement liées aux fractures et aux extensions des failles océaniques sont les sites favorables aux dépôts de gisements massifs sulfurés et de pipes kimberlitiques diamantifères.

L'interprétation des données de recherches de GEOSURVEY a été facilitée par une subdivision du territoire en 33 blocs de degrés carrés.

**Le cuivre :**

Le cuivre se manifeste sous forme de sulfures dans les régions de Forécariah (Friguiadi, Kolakhouré, Fossikouré, Grandes Chutes) ainsi que dans les feuilles de Siéroumba (4 km à l'ouest de Santia), Télimélé (Membouri, bassins de Loré et Taminé, lits de Dolouka et de Nofomou), de Kindia (bassin de Konkouré Nord Linsan), Sud de Dalaba, Porédaka. La teneur moyenne varie de 0,01 à 0,3 %.

**Le cobalt :**

La péninsule du Kaloum possède un des plus importants champs de minéraux en Guinée. Ainsi, dans la région de Coyah, les roches ultrabasiques sous-jacentes supportent une couverture latéritique enrichie en minéraux cobaltifères. En outre, des indices importants de cobalt ont été révélés dans les régions de : Télimélé, Dabola, Boffa et Kindia avec des teneurs variant de 0,002 à 0,1 %.

**Chrome et Platine :**

Les gisements de chrome et de Nickel liés au complexe ultrabasique du Kakoulima s'étendent sur plusieurs $km^2$ dans le nord-est de la région de Coyah. D'autres minéralisations en chrome sont connues sur les feuilles de Siéroumba, Télimélé, Kindia, Dabola et Youkounkoun ; les teneurs varient de 0,02 % à 1 %. La plupart de ces minéralisations sont associées au platine et au nickel.

**Nickel :**

Ce minéral a été trouvé sur les feuilles Siéroumba, Kindia, Télimélé, Dabola et Labé. La teneur varie de 0,01 % à 0,05 %.

**Manganèse :**

La péninsule du Kaloum recèle, entre autres, d'importants gisements de manganèse. Cette minéralisation a été également mise en évidence sous forme d'un gisement affleurant sur près de quatre kilomètres dans la région administrative de Beyla. Entre Télimélé et Kindia, dans la zone Centre-Ouest du pays, les calcaires et le manganèse se retrouvent sous forme de gisement dans les roches cambro-ordoviciens. D'autres minéralisations ont été mises en évidence sur les feuilles Siéroumba, Forécariah, Kindia (entrée de Dalaba) et Labé avec des teneurs en moyenne de 0,1 % à 1 %.

**Titane :**

Dans la zone du promontoire du Cap Verga, la géologie au sol a indiqué, outre la présence de gisements de platine et de chrome, celle d'un important gisement de minéraux titanifères. Le long de la côte Ouest du pays, une zone linéaire où abondent les roches intrusives, on rencontre de vastes plages dont les sables contiennent de très grandes réserves d'ilménite et de la pyrite associées. Des manifestations de ce minéral se retrouvent dans Siéroumba, Télimélé, Labé et Kindia. Les teneurs varient de 3 à 5 $kg/m^3$.

**Étain :**

Une auréole d'étain a été découverte sur les feuilles Télimélé et Labé. Ces indices dont les teneurs très importantes (1,2 à 6,6 g/m$^3$) sont localisés à Tangala, à Bassira, sur la rive gauche de la Bantala, ainsi que dans la suite Panampou sur une surface de 4,6 km$^2$ et à Yimbéring avec une extension de 16 km$^2$.

**Plomb et zinc :**

La limite au Nord de la chaîne montagneuse du Niandan-Banié composée des roches du Birrimien supérieur est d'une grande importance par la présence des gisements de plomb et de zinc. La zone de contact entre les roches birrimiennes, et les granites éburnéens s'est avérée être le site d'intenses minéralisations en métaux de base associés à un gisement de type de remplacement hydrothermal. Par ailleurs, le plomb se rencontre sous forme de galénite ou de plomb natif avec une teneur de 3,2 k/m$^3$ sur la feuille Dabola, et dans la feuille Labé avec un indice de 50 km$^2$ de galénite et de cérisite. Des indices également importants se rencontrent associés à l'Or dans la région de Coyah.

**Molybdénite :**

À 8 km au sud-ouest de Yimbéring se situe un important indice de molybdène. Dans les bassins des rivières Mongo, Samadourou, Poodiwol, sur la feuille Dabola, existent des auréoles de dispersion de molybdénite, ainsi que dans Boffa à 4 km nord-ouest de la ville. Le massif granitique éburnéen au sud-Ouest de la chaîne des collines Niandan-Banié est aussi une grande source de molybdénite.

**Mercure :**

Des manifestations évidentes de cinabre en grains de 0,03 à 0,2 mm sont signalées dans des zones de grandes fractures (à l'exception des aires d'extension des terrains ordoviciens) dans les régions de Gaoual (Kakoni) et sur la feuille Kindia.

**Bismuth :**

Sous forme de bismuthite dans l'affluent droit du fleuve Mongo (feuille Dabola) ainsi que dans les filons de quartzites aurifères (villages de Dara, Balé). Des manifestations de bismuthine et de basobismuthine dans les alluvions des rivières Kalia et Sansanguikhouré (Gaoual et Kindia) ont été également enregistrées. Sur la feuille Conakry-Forécariah, des manifestations de basobismuthime dans les pegmatites.

**Arsenic :**

Ce minéral a été mis en évidence dans le cours de la rivière Lakata et dans le village de Doghi-Dabhi, souvent associé au zinc et au plomb.

**Vanadium :**

Une auréole de 21 $km^2$ dans la croûte d'altération de Tianguel Bori et de 6 $km^2$ dans la suite de Koubia ; des indices de vanadium sont également localisés sur les feuilles Télimélé, et Boffa (dans la région de Boké).

**Béryllium :**

Rencontré sous forme de fragments prismatiques à Conakry dans les pegmatites. Des minéralisations semblables existent sur la feuille Dabola.

**Carbonatites:**

Dans le bloc 16, il a été identifié un nombre important d'intrusions alcalines recélant des gisements de carbonatites. À ces formations, sont liés les importants gisements de Niobium et de Tantale de la région de Kindia. Des gisements similaires existent dans les blocs 3 et 10 représentant le cœur du Fouta-Djallon. Dans les mêmes formations carbonatiques du bloc 16, on rencontre d'importants dépôts de phosphore et de vermiculite.

**Diamant, pierres gemmes :**

Dans le Sud du bloc 24, à l'ouest de Kissidougou, s'étend une partie de la région montagneuse affectée par la zone de fracture de la Guinée. Cette région recèle des veines diamantifères et possède un potentiel de pierres gemmes, tels que les grenats, les rubis, les émeraudes, les saphirs, la tourmaline. Dans le même bloc, à l'intersection d'une faille principale et d'une faille géotectonique, repose un gisement de titane à l'emplacement d'une intrusion alcaline. Dans la zone nord-est du pays, à l'est de Siguiri, des filons de pegmatites et de quartz associés avec la minéralisation aurifère assurent un potentiel pour une industrie de pierres gemmes.

**Gisements polymétalliques :**

Dans la région de Kissidougou, au voisinage immédiat d'un gisement d'uranium, GEOSURVEY INTERNATIONAL a signalé la présence d'un gisement polymétallique riche en cuivre, argent et cobalt.

**Tungstène :**

Des manifestations de scheelite ont été découvertes dans des échantillons de concentré lavé provenant du bassin de la Rivière Kakoni.

**Graphite :**

Dans la région de N'Zérékoré, Lola a un gisement important de graphite lié aux schistes de l'Atacoréen entrecoupe la route à quelques kilomètres de la ville de Lola. D'autres gisements de graphite sont également signalés dans les régions de Forécariah et de Télimélé.

**Terres rares :**

Dans la région de Kindia ainsi que dans le bloc 11 du nord-est du pays, des intrusions alcalines recélant de très importants dépôts de minéraux de terres rares apparaissent clairement sous forme de structures circulaires sur les images satellites de la Guinée. Pour le groupe du Cérium, bien de concentrés présentent de la Monacite ordinairement en association avec le Plomb, la Galène et l'Or. Dans le cours moyen de la rivière de Kora (Kindia), on a rencontré des indices d'un minéral rare, la Florencite-Coivinite.

Dans le bassin de la rivière Bombora, on signale une trouvaille de Bastnaésite (phtore carbonate de terres rares), du Xénotime et du Corrindon (feuille Mamou).

**- Pyrites, Phosphorites et Schistes bitumineux**

a) **La Pyrite** : se rencontre dans le Nord et le nord-ouest de Kanfarandé (Kamhasta, Tambayéki, Dissékéri, Tiangban, etc.) sous forme de minéralisations très étendues avec une épaisseur de 5 à 6 m. Les teneurs moyennes sont de 48,15 % pour le soufre ; 46,09 % de Fe ; arsenic 20ppm ; or 0,12 ppm ; uranium inférieur à 10 ppm ; carbone organique inférieur à 0,05 %. Cette Pyrite se rencontre à la fois dans les Schistes bitumineux et les Phosphorites de la région.

b) **Les Phosphorites :** l'indice le plus important est situé à Tiangban dans un horizon de 0,40 m entre le Silurien et le Paléogène. La teneur en $P_2O_5$ est supérieure à 19,02 %. Les Phosphorites se présentent sous forme de concrétions de 3 à 7 cm de diamètre qui constituent 5 à10% de volume de l'horizon.

c) **Les Schistes bitumineux** : récemment découverts, les gisements s'étendent sur une superficie de plus de 340 $km^2$ et affleurent à Tiangban, Tarikhouré, Boké ville, Tomboya et à Ouassadou.

**Les Minéralisations des îles de Loos** :

L'archipel des Loos comprend environ 20 îles dont les plus intéressantes sont : Tamara, Kassa et Roume. Les roches principales de l'Archipel selon la composition minéralogique sont :

- Les Syénites néphéliniques à aégirine
- Syénites néphéliniques à aégirine, loevinite et astrophyllite
- Syénites à barkévicite et haüne
- Syénites néphéliniques à hastingsite
- Syénites néphéliniques à haüne.

À toutes ces variétés sont liées des pegmatites.

Les teneurs moyennes en éléments dans les Lamprophyres alcalins en grammes/Tonne est la suivante :

Rubidium………..184 g/T

Fer………..23.900 g/T

Stronthium……..830 g/T

Cobalt………4,3 g/T

Titane…….50 192 g/T

Nickel……..85 g/T

Manganèse……2430g/T

Terres rares…..644 g/T

Ytterbium …….51 g/T

Zirconium………685 g/T

Uranium……..4,8 g/T

Niobium……… 229 g/T

Cuivre………… 57 g/T

Thorium………..20 g/T

Plomb……..… 28 g/T

Selon le géologue français Lacroix, les îles de Loos semblent être un lieu privilégié de rendez-vous de tous les minerais rares.

**Roches carbonatées :** La Guinée possède un grand nombre de gisements de Roches carbonatées notamment dans les régions de Siguiri, Kouroussa, Kindia, Mamou, Mali et Tougué. Un échantillon pris à Idia (Tougué) a donné la composition et paramètre suivants :

| | |
|---|---|
| CaO | 46,55 % |
| MgO | 2,05 % |
| $MgCO_3$ | 4,31 % |
| $SO_3$ | 0,03 % |
| $TiO_2$ | moins de 5 % |
| $P_2O_3$ | moins de 2,5 – 3,0 % |
| Oxydes de Manganèse | moins de 2,5 – 1 % |
| Alcalis | moins de 2,5 – 1 % |
| Coefficient de saturation | 2,3 |
| Module silicaté | 2,21 |
| Module alumineux | 0,93 |
| Module hydraulique | 4,96 |

Le gisement de Tougué est le plus intéressant tant au point de vue de l'importance des réserves qu'à celui de la gamme des possibilités d'utilisation. C'est aussi le mieux situé géographiquement du point de vue des centres de consommation. C'est lors du levé géologique au 1/200 000$^{e}$ de la feuille Labé et du Sud-Ouest de la de la feuille Tougué qu'on a pu mettre en évidence cet important gisement de roches carbonatées : calcaires, marnes et dolomie.

Ce calcaire convient à la fabrication du ciment PORTLAND, l'amendement des sols, les antiseptiques, la parfumerie, la cordonnerie, la peinture, l'industrie chimique, la pharmacie, la décoration dans les constructions civiles. Il peut aussi, après traitement spécial, être employé pour le raffinage du sucre, l'industrie du papier, la fabrication de la chaux, du ciment roman, du ciment alumineux et pour la verrerie. Sur la rive droite de la rivière Kioma, à 3,5 km à l'Est du village d'Idia, on observe un affleurement sous forme d'un mur de 30,15 m avec de roches carbonatées. Les réserves estimées dépassent 200 millions de tonnes.

**Exploitation pétrolière en Guinée :**

**Généralités :**

Après quelques timides débuts initiés par les sociétés de distribution de la place (Shell, Mobil) des années soixante, l'exploration pétrolière a repris avec la signature de l'Accord avec la société américaine BUTTES GAS ET OIL COMPANY en décembre 1973. BUTTES a entrepris une campagne de sismique régionale de 3 000 km environ, fin 1973 débuts 1974, dont les résultats jugés très encourageants ont abouti à la sélection de deux blocs de 5 000 $km^2$ chacun et dans lesquels des travaux détaillés ont été effectués vers la fin 1974. L'interprétation de toutes les données recueillies en 1973-1974 a permis d'envisager les travaux de forage du premier puits off-shore. Les préparatifs ont été plus longs que d'habitude et c'est le 7 janvier 1977 que le PÉLICAN s'est ancré au site de forage situé à près de 140 km au nord-est de Conakry. Le premier puits n'a pas donné les résultats escomptés, mais il a permis de démontrer l'existence d'un bassin sédimentaire très important. Après le retrait de BUTTES en 1979, UNION TEXAS PETROLUM a également effectué trois campagnes sismiques de 1980 à 1982 et un programme de travail détaillé a été présenté pour les années à venir.

SOGUIP (Société Guinéenne des Pétroles). BUTTES a signé un protocole d'accord avec le Gouvernement Guinéen en décembre 1973. Ce protocole définissait la zone d'exploration exclusive pour trois mois, le programme de sismique régional et les termes généraux de la convention à négocier entre deux parties. Cette convention a été effectivement négociée et signée le 16 février 1974.

Elle régissait les activités de la société mixte SOGUIP (50 % Guinée, 50 % BUTTES). BUTTES était l'opérateur pendant la durée de la Convention. Avant le début du forage, la SOGUIP a vu l'entrée en son sein de la société yougoslave NAFTA GAS et de la société japonaise JGPDC. La sismique régionale terminée, BUTTES a effectué en 1974 dans les deux blocs retenus pour SOGUIP une sismique de détail qui a confirmé les premiers résultats. La préparation du forage a débuté dès 1975 et le 7 janvier 1977, le PÉLICAN a commencé à forer le premier puits dans l'off-shore guinéen. La profondeur de ce puits a dépassé les 3 000 m et a permis de confirmer l'existence d'un bassin sédimentaire dans l'off-shore guinéen. Le potentiel pétrolier de l'off-shore guinéen n'a pas pu être étudié à fond à la suite des travaux de la SOGUIP. Celle-ci, dans le but de mieux comprendre la géologie de l'off-shore a entrepris en mars une campagne géologique on–shore sur le bassin sédimentaire de Bowé. Les dépôts paléozoïques de ce bassin se sont révélés formés en milieu marin, les schistes ayant de très grandes possibilités de produire le pétrole dans certaines conditions. Le paléozoïque pourrait alors être un objectif.

Cependant malgré ses résultats très encourageants tant dans l'off-shore que sur l'on-shore, la SOGUIP a cessé ses activités le 31 mai 1979 par le retrait de BUTTES et de NAFTA GAS.

**Société Guinéenne des Hydrocarbures :**

Le Gouvernement Guinéen a négocié une convention avec Union Taxas Petroleum créant la Société Guinéenne des Hydrocarbures (SGH) à partir du 26 janvier 1980. Le programme de travail de la SGH comportait la sismique et le forage. Deux campagnes sismiques ont été effectuées en 1980 et en 1981 couvrant au total 3 500 km. L'interprétation des données a permis à ce jour de comprendre la structure géologique de notre off-shore et de situer plusieurs zones jugées favorables à l'accumulation d'hydrocarbures. L'entrée de SUPERIOR OIL dans la SGH permettra d'accélérer le programme de travail futur qui comporte des forages pour tester les structures découvertes par les récentes campagnes sismiques.

La géologie de l'off-shore et de l'on-shore guinéen telle qu'elle est connue à l'heure actuelle paraît très propice à la découverte d'autres zones potentielles en hydrocarbures telles que les zones nord-est Kankan-Siguiri et Sud-Est de N'Zérékoré–Yomou. Après plusieurs années d'exploration, l'existence des structures favorables aux hydrocarbures dans l'offshore guinéen a été confirmée. La réalisation du forage d'exploration par HYPERDYNAMIC, Inc. en 2011 n'a pas identifié des réserves industrielles, mais l'espoir est permis.

C'est dire que le secteur des hydrocarbures en Guinée est en phase de recherches dont les ressources sont estimées à environ 10 milliards de barils de pétrole (Hyperdynamics), dans les limites du champ offshore octroyé au consortium de sociétés composé de Tullow, Hyperdynamics et Dana Petroleum.

**Les minéraux de sable noir** (Ilménite ; rutile ; zircon ; tourmaline ; etc.) rencontrés au Cap Verga à Boffa ; à Benty, Forécariah et dans les lits des grands cours d'eau tels que : Niger ; Niandan et Boffon.

**Les sources thermales** ont été identifiées à Féressedou, Kissidougou et à Foulamory dans Gaoual. Les températures d'exhaure de l'eau varient de 53 à 60 °C dépassant parfois les 200 °C en profondeur. Ce qui constitue une source potentielle d'énergie électrique dite géothermique par la récupération de l'énergie calorifique et peut également servir à la production d'eau minérale industrielle.

**Les matériaux de construction** : ils sont composés essentiellement de granite ; dolérite ; gabbro ; sable ; etc. qui affleurent un peu partout en Guinée. Les granites noirs de Kakoulima et de Saala (Labé), verts de Gaoual, flammés de Dubréka et rose-rouge de Dabola peuvent être utilisés comme pierre ornementale.

**Carte des infrastructures géologiques**

Les travaux de levé géologique ont permis de procéder à l'inventaire systématique des ressources minérales (solides, liquides et gazeuses) et d'élaborer des cartes géologiques, métallogéniques, de minéraux utiles et des schémas tectoniques pour les zones couvertes (voir tableau N° 2).

**Tableau N° 2 : Cartes des infrastructures géologiques élaborées pendant les périodes coloniale et post-coloniale (levé géologique)**

| Période | Nombres de cartes | Types de cartes | Échelles | Zones couvertes |
|---|---|---|---|---|
| Coloniale | 13 | Cartes géologiques | 1/500. 000 | Majeure partie du pays, exception faite des zones situées à l'Est du méridien 9° Ouest entre les parallèles 8° 30 et 10° Ouest |
| Post-Coloniale | 10 | Cartes géologiques | 1/200. 000 | Partie occidentale/Guinée |
| | 10 | Cartes Métallogéniques | 1/200. 000 | Partie occidentale/Guinée |
| | 1 | Schéma tectonique | 1/500. 000 | Partie occidentale/Guinée |
| | 1 | Carte géologique | 1/200. 000 | Feuille Tougué(3210 Km2 |
| | 1 | Carte de minéraux utiles | 1/200. 000 | Feuille Tougué (3210 Km2 |
| | 1 | Carte géologique | 1/200. 000 | Nord de la Guinée 9° et 14° et au nord du 11$^{e}$ parallèle |

**NB** : On note l'apport du projet de la Banque mondiale sur le Secteur minier guinéen (**PPISM**) dans le cadre de la recherche, de la compilation des données existantes et l'harmonisation des cartes géologiques à travers la coopération française et allemande.

La contribution des Services techniques du Ministère des Mines et de la Géologie a été sollicitée par les Autorités et celle-ci a facilité la réussite de cette importante mission de travail sur le plan technique et d'échanges d'expériences.

# CHAPITRE III

## GESTION DES RESSOURCES MINIÈRES

La question sur la gestion des ressources minières a été abordée avec l'idée de véhiculer des informations nécessaires à la compréhension des efforts fournis par les Autorités en direction des populations afin de les aider à cerner le mécanisme de cette activité en cours au Département des Mines.

Il s'agit de partager avec tous les intervenants du secteur une vision très claire de la manière dont le patrimoine minier est géré et de proposer des pistes de solutions s'inscrivant dans la dynamique de la bonne gouvernance.

La gestion des ressources doit intégrer le suivi de l'évolution de l'industrie minière mondiale, pour permettre à l'Autorité d'effectuer des analyses économiques et financières nécessaires à l'élaboration d'une bonne stratégie de développement de ce secteur.

La Guinée fait aujourd'hui des efforts pour rendre l'environnement juridique attractif pour les investisseurs et il est important à propos de signaler que le Code Minier, tout en consacrant la propriété de l'État sur les substances minérales ou fossiles, permet aux titulaires des permis de recherche, permis d'exploitation et concessions minières d'acquérir la propriété exclusive des substances extraites de leur périmètre.

**Cadre juridique :**

Le Code minier demeure le cadre juridique en matière d'investissement dans le Secteur Minier en République de Guinée. Le Ministère des Mines et de la Géologie assure la responsabilité des activités géologiques de recherche et d'exploitation minière dans le pays. Tous les projets ou sociétés minières sont juridiquement dépendants de ce Ministère qui les contrôle à travers ses Services techniques que sont le Centre de Promotion et de Développement Minier (CPDM), la Direction Nationale des Mines, et la Direction Nationale de la Géologie. Le CPDM est le guichet unique au service de l'investisseur minier en Guinée. Il a été créé pour soutenir la politique d'incitation de l'investissement dans le Secteur Minier Guinéen en servant d'interface entre l'Administration publique et les Investisseurs de ce secteur.

Le CPDM, La DNM et DNG travaillent en étroite collaboration et sont impliqués dans la gestion des ressources, du Cadastre Minier et celle des titres miniers (voir la gestion des titres miniers). Le Secteur Minier est régi par la loi n° 95/036/CTRM du 30 juin 1995 (ITIE 2012). Les conditions particulières de chaque projet minier sont définies dans la convention signée entre la société minière et la République de Guinée représentée par le Ministre des Mines et de la Géologie. Le Code Minier prévoit dans son article 158, des dispositions relatives à la stabilisation des régimes fiscaux et douaniers à la date de signature de la convention minière et ce pendant toute la période de validité de cette convention laquelle ne saurait excéder dix ans pour le permis d'exploitation et vingt-cinq ans pour la concession. De ce fait, le régime fiscal prévu dans les Conventions minières reste applicable à la société en question, abstraction faite des dispositions prévues par les lois et textes en vigueur. Le Code Minier 2011 promulgué par la loi n° 2011 /006/CNT du 9 septembre

2011 n'est entré en vigueur que le 8 avril 2013, date à laquelle le Conseil National de Transition a voté la loi n° 2013/053/CNT portant modification de certaines dispositions du Code Minier.

**Gestion des titres miniers :**

Il s'agit d'une étape très importante qui clarifie le rôle de tous les intervenants dans la gestion du cadastre conformément aux dispositions du Code Minier en vigueur. Les conditions d'octroi des titres miniers y sont bien établies et les responsabilités bien définies pour l'ensemble des Directions techniques impliquées dans sa gestion. Ils interviennent dans le mécanisme de délivrance des autorisations de reconnaissance, des permis de recherche, des permis d'exploitation et d'établissement des conventions qui intègrent le niveau de participation de l'État dans les entreprises minières. Cette démarche donne plus de visibilité sur la gestion des titres miniers et permet de cerner à chaque étape, les difficultés vécues, d'apporter les solutions idoines pour offrir les meilleures opportunités de développement au Secteur minier.

**Les autorisations de reconnaissance :**

Les autorisations de reconnaissance sont délivrées par la Direction nationale des Mines (DNM) sur recommandation du CPDM. Ces autorisations peuvent être délivrées soit aux exploitants industriels, semi-industriels ou artisanaux. L'autorisation de reconnaissance permet à son titulaire de rechercher plusieurs substances minières sur le périmètre sollicité dans les limites et la durée de l'autorisation. Les droits ne sont pas exclusifs et peuvent être exercés par plus d'une partie dans la même zone affectée. Les autorisations de reconnaissance sont délivrées pour trois mois, renouvelables une fois pour trois mois supplémentaires.

**L'autorisation d'exploitation artisanale :**

Les autorisations d'exploitation artisanale des diamants et autres gemmes ne peuvent être délivrées qu'aux personnes de nationalité guinéenne, et ce dans les zones affectées à ce type d'exploitation.

L'autorisation d'exploitation artisanale est octroyée par le Ministre des Mines (Article 11 de la Loi 93/025). Elle est délivrée pour une période d'une année, mais elle peut être renouvelée plusieurs fois et à chaque fois pour une période d'une année.

**Le permis de recherche :**

Le permis de recherche confère à son titulaire le droit exclusif d'effectuer des recherches dans les limites d'une zone indiquée. La superficie pour laquelle le permis de recherche peut être délivré ne peut excéder 500 $km^2$ pour les permis de recherche industrielle, ou 16 $km^2$ pour les permis de recherche semi-industrielle. Ce permis est attribué par le Ministre des Mines sur recommandation du CPDM. Il est accordé pour une durée maximale de trois (3) ans pour les recherches à l'échelle industrielle et de deux (2) ans pour les recherches à l'échelle semi-industrielle. Un permis de recherche industrielle peut être renouvelé deux fois pour une période de deux ans chacune. Un permis de recherche semi-industrielle ne peut être renouvelé qu'une fois et pour une année.

**Le permis d'exploitation :**

Le permis d'exploitation confère à son titulaire, dans les limites de son périmètre et indéfiniment en profondeur, le droit exclusif de reconnaissance, de recherche, d'exploitation et la libre disposition des substances minières pour lesquelles il est délivré. Le permis d'exploitation est accordé par Arrêté du ministre chargé des Mines sur recommandation du CPDM. Le permis d'exploitation industrielle est accordé pour dix ans au plus, alors que le permis d'exploitation semi-industrielle l'est pour six ans au plus. Toutefois, les permis d'exploitation peuvent être renouvelés plusieurs fois pour des périodes de cinq ans ou plus, chacune.

**Les concessions minières :**

Les concessions sont similaires aux permis d'exploitation dans le sens qu'elles confèrent le droit exclusif d'effectuer dans son périmètre, sans limitation de profondeur, tous travaux de recherche des gîtes et d'exploitation de gisements des substances minières pour lesquelles la concession est attribuée. Cependant, les concessions sont relativement plus flexibles et plus adaptées aux sociétés minières que le permis d'exploitation. Par ailleurs, une concession peut être accordée pour une période pouvant aller jusqu'à 25 ans, et renouvelée une ou plusieurs fois pour une période de 10 ans.

**Participation de l'État dans les entreprises minières**

Conformément à l'article 167 du Code minier de 1995, l'État guinéen a droit à 15 % du capital de toute société ayant un permis d'exploitation de substances précieuses sans aucune contribution financière.

Pour les substances d'intérêts particuliers (Bauxite, Minerai de Fer, Hydrocarbures solides, etc.) et en raison du niveau d'investissement, l'État ne prend pas de participation gratuite dans le capital d'une société exploitant ces minerais. Au cas où l'État désirerait entrer dans le capital d'une telle société, les modalités en seront définies avec l'Investisseur au moment de l'établissement de la Convention minière.

**Ressources minières disponibles :**

Les résultats des investigations géologiques offrent l'opportunité au pays d'avoir à sa disposition d'importantes ressources minières pour satisfaire les Investisseurs dans le cadre de la recherche ou de l'exploitation des substances minérales (voir le potentiel minier Guinéen). On note que les ressources ont besoin d'une étude approfondie pour une parfaite connaissance du minerai. Cela suppose que la richesse présumée du potentiel ne va pas précipiter sa mise hâtive en exploitation, entraînant ainsi un coût opératoire onéreux. Pour éviter une telle situation, tous les détenteurs de permis sont tenus de préciser les paramètres technico-économiques de leurs gisements à travers une étude de faisabilité qui est exigible pour l'octroi d'un permis d'exploitation. Le potentiel minier du sous-sol guinéen ainsi mis à contribution pour des fins de développement d'une véritable industrie minière, est riche et diversifié, offrant d'importantes ressources parmi lesquelles il est très loisible de constater que :

- La Guinée détient près de 40 milliards de tonnes de bauxite en ressources potentielles d'après les derniers résultats des travaux de recherches du professeur Mamedov.

- La Guinée est le quatrième producteur mondial de la bauxite avec 19,3 millions de tonnes en 2014 et premier en Afrique (United States Geological Survey) ; les réserves prouvées sont plus de 7,4 milliards de tonnes qui constituent 30 % du total mondial.

- La Guinée recèle deux gisements de fer de classe mondiale encore inexploités qui sont les Monts Nimba et Simandou dans le Sud-Est de la Guinée ; les teneurs en fer dans ces minerais sont de 66 à 68 % en $Fe_2O_3$ ;

- les réserves potentielles sont de plus d'un milliard de tonnes pour le Mont Nimba et le seul gisement du Pic de fon sur environ 7 km de long des 115 km de la chaîne de

Simandou sont estimés à plus de 1,2 milliard de tonnes de minerais ;

- L'or est présent en Guinée sous forme de gisements primaires (filons, veines de quartz) et secondaires dans les alluvions des lits et des terrasses des cours d'eau.

- Le Diamant est lié à de nombreux gisements alluvionnaires et à plusieurs pipes kimberlitiques qui ont été découverts au sud, sud-Est et à l'ouest du pays (voir chapitre : Potentiel minier) ; les réserves en diamant y sont très importantes.

- Les autres substances répertoriées dont la liste est exhaustive y compris les hydrocarbures ont besoin de recherches approfondies, au compte desquelles on peut s'attendre au cours des prochaines années à d'importantes découvertes pour le bien de notre économie.

Il faudra bien relever que la Guinée est un pays minier, elle participe à l'évolution de l'économie mondiale à travers les filières bauxite, Or et diamant, et dans un futur très proche, son ambition est de prendre part au développement du marché du Fer et pourquoi pas de celui du Pétrole ou par le biais d'autres substances d'intérêts économiques.

**Sociétés et projets miniers**

On distingue dans ce groupe les sociétés qui sont en pleine activité de production, celles qui sont en arrêt et les projets miniers en phase de développement très avancé. (Voir les tableaux 3, 4 et 5)

**Tableau n° 3 Sociétés minières en activités au 31 décembre 2015**

| N° d'ordre | Sociétés | Substances minérales | Partenaires | |
|---|---|---|---|---|
| 1 | Compagnie des Bauxites de Guinée CBG. | Bauxite | État Guinéen 49 % des actions | HALCO 51 % des actions |
| 2 | Compagnie des Bauxites de Kindia (CBK) | Bauxite | Ruski Alumini Rusal 100%des actions | |
| 3 | Société Minière de Boké (SMB) | Bauxite | SMB est entrée en production en 2015 | |
| 4 | Société Minière de Dinguiraye (SMD) | Or | SMD, 100 % des actions | |

| | | | | |
|---|---|---|---|---|
| 5 | Société Aurifère de Guinée S A G | Or | État Guinéen 15 % des actions | Ashanti 85 % des actions |
| 6 | Guiter Mining | Diamant | État Guinéen 15%des actions | Guiter Mining 85% des actions |

Ce tableau indique que seulement (3) sociétés exploitent et commercialisent la bauxite ; deux (2) s'occupent de la filière aurifère et une évolue dans l'extraction du diamant.

Ces sociétés sont aujourd'hui les pourvoyeurs de notre économie en revenus et participent à l'amélioration des conditions de vie de la population guinéenne en général et singulièrement elles constituent un espoir pour le développement des communautés environnantes

**Tableau n° 4 : sociétés minières en arrêt au 31 décembre 2015**

| N° d'ordre. | Sociétés | Substances minérales | Actionnaires | |
|---|---|---|---|---|
| 1 | Friguia /Rusal | Alumine | Rusal 100 % | |
| 2 | Semafo | Au (or) | État Guinéen 15%des actions | SEMAFO INC 85 % des actions |
| 3 | Guinea Développement Corporation GDC | Fer | État Guinéen 15 % des actions | GDC 85%des actions |

Ces sociétés méritent l'attention de l'Administration minière dans la perspective d'une reprise des activités. Elles ont participé dans un passé très récent à l'amélioration des revenus de l'État guinéen. Les arrêts de production des sociétés Friguia /Rusal, et GDC relancent le débat sur la participation de la Guinée sur le marché de l'Alumine et celui du Fer. Pour mémoire, on retiendra que la Société Fria devenue Friguia/Rusal produisait près de 700 000 tonnes d'alumine par an et ses services étaient assurés par plus de 2 000 travailleurs de toutes catégories. La Sémafo a évolué dans l'Or avec quelques centaines de travailleurs et elle a cessé de produire en 2012 et le parcours de la GDC a été de courte durée dans l'exploitation et la commercialisation du Fer de Yombeyéli dans le sud-ouest du pays.

**Tableau N° 5 : Sociétés minières en phase de développement très avancé**

| N° d' ordre | Sociétés | Substances minérales | Actionnaires | |
|---|---|---|---|---|
| 1 | Sociétés des Bauxites de Dabola-Tougué-SBDT-sa | Bauxite Alumine | État-Guinéen 49 % des actions | État iranien 51 % des actions |
| 2 | Alufer (Sud Africain-Australien) | Bauxite | État-Guinéen 15%des actions | Alufer 85% des actions |
| 3 | Société COBAD RUSAL | Bauxite Alumine | Les partenaires sont en négociation | |
| 4 | AMC | Bauxite Alumine | Etat-Guinéen 15 % des actions | AMC 85 % des actions |
| 5 | Henan Chine | Bauxite Alumine | Etat-Guinéen 15 % des actions | Henan Chine 85 % des actions |
| 6 | GAC | Bauxite Alumine | Etat-Guinéen 15 % des actions | GAC+ Dubaï Mubadala 85% |
| 7 | Rio-Tinto | Fer | Etat-Guinéen 15 % des actions | SIMFE R.sa et autres 85re% des actions |
| 8 | Belzone CIF | Fer | État-Guinéen 15 % des actions | Belzone-CIF 85% des actions |
| 9 | CPI | Bauxite-Alumine | État-Guinéen 15 % des actions | CPI 85 % des actions |

Les sociétés minières indiquées ci-dessus ont évolué dans le long terme en Guinée dans le cadre de la mise en œuvre soit des conventions signées avec l'État guinéen, soit pour la recherche au compte des projets miniers. Les sociétés SBDT, Alufer, COBAD, Henan Chine, CPI et GAC s'intéressent à l'exploitation de la bauxite, et de la transformation de celle-ci en Alumine tandis que les sociétés Rio Tinto et Belzone s'attellent à mettre en valeur les riches gisements de Fer de classe mondiale

**Situation du cadastre minier**

C'est sur la base des titres miniers délivrés par le CPDM qu'il a été possible d'établir la situation du cadastre au 31 décembre 2015. Les résultats obtenus à partir des titres délivrés par substance ont permis d'identifier le nombre de permis de recherche, d'exploitation et de concessions minières. Les substances concernées par ces titres sont : la bauxite, le fer, l'or et le diamant (voir tableau 6), les métaux de base (Ni, Co, Zn, Pb) et de l'Uranium. Le nombre de permis d'exploitation et celui des conventions engageant l'État et les partenaires pour l'exploitation de nos ressources ont été aussi répertoriés par substance (voir tableaux 7 et 8).

**Tableau N° 6 : situation du cadastre minier au 31 décembre 2015**

| Titres miniers par substance : | Permis de recherches | Permis d'exploitation | Concession minière |
|---|---|---|---|
| Bauxite | 66 | 3 | 9 |
| Or | 180 | 4 | 2 |
| Fer | 47 | 1 | 4 |
| Diamant | 53 | 2 | - |
| Métaux de base Ni, Co, Zn, Pb, etc. | 27 | | |
| URANIUM | 6 | | |

***Source :** CPDM, décembre 2015*

Le nombre total des Titres miniers est de 379 dont 10 permis d'exploitation et 15 concessions minières pour l'ensemble des ressources du pays en Bauxite, Or, Fer, Diamant, Métaux de base et en Uranium.

Ce résultat par rapport aux 379 Titres octroyés mérite une attention toute particulière de l'Administration minière.

Les 10 permis d'exploitation indiquent que les détenteurs de ces titres n'ont pas pu réaliser leur rêve, celui d'être en phase de production, pour le bien de notre économie nationale.

Cette opportunité devrait être saisie, car l'obtention d'un permis d'exploitation a coûté des efforts en termes de finance, de technique, de labeur physique et intellectuel de la part des investisseurs et encadreurs de ces projets.

La majeure partie des sociétés en production telles que la CBG, la CBK, la SAG et la SMD anciennement connues figurent dans ce tableau ; les nouvelles sociétés dans ce groupe sont Guiter Mining et la SMB. Le reste des projets miniers, des sociétés détentrices de permis d'exploitation et de concessions minières se cherchent depuis des décennies et sont en quête de solutions. Il appartient à l'Administration de cerner la problématique liée au développement des projets et de trouver le plus rapidement possible des solutions pouvant concourir à la promotion du Secteur Minier Guinéen qui tarde à progresser. Cette problématique sera élucidée en tenant compte de son importance particulière dans la gestion des ressources du pays et des propositions seront faites pour rendre celle-ci fiable et rassurante.

**Projets et Sociétés détenteurs de permis d'exploitation :**

Les sociétés répertoriées ci-dessous l'ont été à partir des données du CPDM relatives à la situation des titres miniers en date du 31 décembre 2015 (voir les tableaux 7 et 8).

**Tableau N° 7 : Sociétés titulaires de permis d'exploitation**

| N° | Sociétés | Substances minérales | Permis d'exploitation | Observations |
|---|---|---|---|---|
| 1 | Compagnie des Bauxites de Kindia | Bauxite | Octroyé | En exploitation |
| 2 | Société Bel-Air Mining sa | Bauxite | Octroyé | En attente |
| 3 | Société Minière de Boké | Bauxite | Octroyé | En exploitation |
| 4 | Société Japan Mining Company sarl | Or | Octroyé | En attente |
| 5 | Société Shunsi Socopla sarl | Or | Octroyé | En attente |

| | | | | |
|---|---|---|---|---|
| 6 | Société d'Extraction des Mines Ciseehamb | Or | Octroyé | En attente |
| 7 | Société Wega Mining Guinea sa | Or | Octroyé | En attente |
| 8 | Société Africa Exploration sa | Fer | Octroyé | En attente |
| 9 | Société BAS-SAD Guinée | Diamant | Octroyé | En attente |
| 10 | Société SOREM sarl | Diamant | Octroyé | En attente |

***Source :*** *CPDM, décembre 2015*

L'analyse de ce tableau montre que les sociétés détentrices des permis d'exploitation ont fourni des efforts considérables dans l'exécution de leurs programmes de recherche et de prospection.

Parmi la dizaine de sociétés répertoriées dans ce tableau, seulement deux sont aujourd'hui en production, ce sont : la Compagnie des Bauxites de Kindia (1973. ) et la Société Minière de Boké (2015).

**Tableau N° 8 : Sociétés titulaires de concessions minières**

| N° | Sociétés | Substances minérales | Concessions minières | Observations |
|---|---|---|---|---|
| 1 | Compagnie des Bauxites de Guinée sa | Bauxite | Octroyée | En exploitation |
| 2 | Compagnie des Bauxites de Kindia sa | Bauxite | Octroyée | En exploitation |
| 3 | Société des Bauxites de Dabola-Tougué sa | Bauxite | Octroyée | En attente |

| | | | | |
|---|---|---|---|---|
| 4 | Société Aluminium Company of Guinea | Bauxite | Octroyée | En attente |
| 5 | Société Henan Chine | Bauxite | Octroyée | En attente |
| 6 | Société Domaine Global_ Concession | Bauxite | Octroyée | En attente |
| 7 | Société Global Alumina | Bauxite | Octroyée | En attente |
| 8 | Siciété Alliance Mining Commodities (AMC) | Bauxite | Octroyée | En attente |
| 9 | Société des Bauxites de Guinée sa | Bauxite | Octroyée | En attente |
| 10 | Société Minière de Dinguiraye (SMD) | Or | Octroyée | En exploitation |
| 11 | Société Anglogold Ashanti de Guinée (SAG) | Or | Octroyée | En exploitation |
| 12 | Société SIMFER sa/Rio Tinto | Fer | Octroyée | En attente |
| 13 | EURONIMBA | Fer | Octroyée | En attente |
| 14 | Société BELZONE Holding sa | Fer | Octroyée | En attente |
| 15 | Société Génie civil Guinée Sarl | Fer | Octroyée | En attente |

Les résultats au niveau des sociétés ayant signé des conventions avec l'État guinéen ne sont pas élogieux ; ce sont quatre (4) conventions sur quinze (15) qui sont en production. (Tableau 8).

La Compagnie des Bauxites de Guinée et la Compagnie des Bauxites de Kindia exploitent respectivement les ressources bauxitiques de Boké et de Kindia ;

La Société Minière de Dinguiraye et la Société Anglogold Ashanti de Guinée produisent l'Or ;

La mise en Production de la filière Fer tarde à se concrétiser dans le pays malgré la présence des grands miniers tels que Rio Tinto et Bellzone ;

La remarque fondamentale réside dans le fait que le Secteur minier n'a pas pu évoluer en Guinée depuis plusieurs décennies.

Cette situation a abouti à un blocage de l'évolution socio-économique et environnementale du pays. Cet état de fait relance aujourd'hui la question de statuer sur le développement du secteur minier guinéen.

**Carte n° 1 : permis de recherche pour la bauxite**

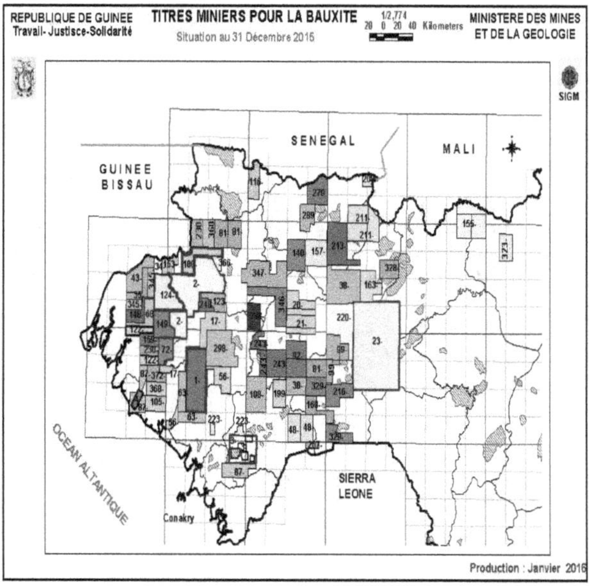

## Tableau n° 9 permis de recherche pour la bauxite

REPUBLIQUE DE GUINEE
Travail-Justice-Solidarité

**TITULAIRES DES PERMIS MINIERS POUR LA BAUXITE**

MINISTERE DES MINES
ET DE LA GEOLOGIE

PERMIS DE RECHERCHE MINIERES

| | | | |
|---|---|---|---|
| 17- | Sté. CHINA POWER INVESTMENT. (CPI) | 160- | Sté. PROMINING SARL. |
| 20- | Sté. GLOBAL XTRACTORS SA | 163- | Sté. TOUGUE BAUXITE AND ALUMINA CORP. (TOUBAL) |
| 21- | Sté. T.M.K MINING SA | 199- | Sté. DES BAUXITES DE GUINEE S.A |
| 34- | Sté. KANTEX GUINEE SARL1 | 208- | Sté. GENIE CIVIL GUINEE SARL |
| 35- | Sté. MANDARIN HOLDING LIMITED | 211- | Sté. MINTEP GUINEE SA |
| 38- | Sté. CARDOZ FINANCIAL INTER | 213- | Sté. MULTITEX AFRICA SA. |
| 43- | Sté. GLOBAL MINING | 216- | Sté. MINIERE D'ALUMINE SOMALU |
| 48- | Sté. MINIERE GUINEO AMERICAINE SA | 220- | Sté. SUN SAND |
| 56- | Sté. GUINEAN BRAIN TOUCH SARL | 223- | Sté. FORWARD AFRICA RESSOURCES |
| 63- | Sté. AXIS MINERALS RESOURCES SA. | 230- | Sté. DYNAMIC MINING SARL |
| 68- | Sté. SELLA MINING SARL | 243- | Sté. SILVER VALLEY INTERNATIONAL SA |
| 81- | Sté. COBAGUI SAU | 248- | Sté. CAMEN RESOURCES SARL |
| 87- | Sté. ALUFER GUINEE SA | 267- | Sté. GUIREMHTECH-SA |
| 92- | Sté. AFRICAINE DE DRAGAGE (SAD) - GROUP | 279- | Sté. DIRECT LEVERAGE Ltd |
| 99- | Sté GUINEENNE DE FER ET BAUXITE SARL | 288- | Sté. BOUA INTER CORPORATION-SARLU |
| 105- | Sté. GUINEENNE DU PATRIMOINE MINIER | 289- | Sté. INSCAPE RESOURCES SARL |
| 108- | Sté. ENSO ALUMINA SA. (SEAL-SA). | 298- | Sté. EURASIAN RESSOURCES |
| 116- | Sté. ORDIAMEX MINNING SA. | 323- | Sté. ELEMENT INC. |
| 122- | Sté. MINIERE DE BOKE (SMB)-SARL | 328- | Sté. FAMABA SARL |
| 123- | Sté. AMIG NAVASOTA MINING INTER. | 329- | Sté. GOLDEN SAINT MINERALS GUINEE SA |
| 124- | Sté. DOMAINE GLOBAL- CONCESSION | 345- | Sté. JAHVAUN INVEST Limited. |
| 140- | Sté. AMMSA GROUP LTD | 346- | Sté. FRAVIGNA VENTURES Limited. |
| 148- | Sté. ESTRALITA WORLDWIDE LTD | 347- | Sté. KATISHA GROUP Limited. |
| 153- | Sté. BAUXITE ANGOLA-SA | 360- | Sté. KAKANDE MINIERE COMPANY (KMC)SAU |
| 155- | Sté. HYDROMINE INC | 366- | Sté. ATLANTIQUE GOLD MINING GUINEA SARL |
| 157- | Sté. ALUFER - PITA -LABE SA | 368- | Sté. BRIGHTSTONES MINING GUINEA SARL |
| 159- | Sté. ALLIANCE MINIERE RESPONSABLE | 372- | Sté. CONSOLIDATED MINING CORPORATION |
| | | 376- | Sté. GUINEENNE DE DEVELOPPEMENT ECONOMIQUE |

PERMIS D'EXPLOITATIONS MINIERES

| | | | | | |
|---|---|---|---|---|---|
| 3- | COMPAGNIE DES BAUXITES DE KINDIA (CBK) | 4- | SOCIETE BEL AIR MINING SA. | 122- | Sté MINIERE DE BOKE (SMB)- |

CONCESSIONS MINIERES

| | | | |
|---|---|---|---|
| 1- | Sté. Aluminium Compangy of Guinea | 72- | Sté. HENAN-CHINE |
| 2- | Sté. COMPAGNIE DES BAUXITES DE GUINEE C.B.G | 124- | Sté. DOMAINE GLOBAL- CONCESSION |
| 3- | Sté. COMPAGNIE DES BAUXITES DE KINDIA (CBK) | 149- | Sté. GLOBAL ALUMINA |
| 23- | Sté. DES BAUXITES DE DABOLA -TOUGUE SBDT SA - | 180- | Sté. ALLIANCE MINING COMMODITIES AMC |

Production : Aout 2016

# Tableau n° 10 permis de recherche pour la bauxite

REPUBLIQUE DE GUINEE
Travail-Justice-Solidarité

**TITULAIRES DES PERMIS MINIERS POUR LA BAUXITE**

MINISTERE DES MINES
ET DE LA GEOLOGIE

PERMIS DE RECHERCHES MINIERES

| | |
|---|---|
| 17- | Sté. CHINA POWER INVESTMENT. (CPI) |
| 20- | Sté. GLOBAL XTRACTORS SA |
| 21- | Sté. T.M.K MINING SA |
| 34- | Sté. KANTEX GUINEE SARL1 |
| 38- | Sté. CARDOZ FINANCIAL INTER |
| 43- | Sté. GLOBAL MINING |
| 48- | Sté. MINIERE GUINEO AMERICAINE (SOMIGA) SA |
| 56- | Sté. GUINEAN BRAIN TOUCH SARL |
| 63- | Sté. AXIS MINERALS RESOURCES SA. |
| 68- | Sté. SELLA MINING SARL |
| 81- | Sté. COBAGUI SAU |
| 87- | Sté. ALUFER GUINEE SA |
| 92- | Sté. AFRICAINE DE DRAGAGE (SAD) - GROUP |
| 99- | Sté GUINEENNE DE FER ET BAUXITE (SGF & B)-SARL |
| 105- | Sté. GUINEENNE DU PATRIMOINE MINIER |
| 108- | Sté. ENSO ALUMINA SA. (SEAL-SA). |
| 116- | Sté. ORDIAMEX MINNING SA. |
| 122- | Sté. MINIERE DE BOKE (SMB)-SARL |
| 123- | Sté. AMIG NAVASOTA MINING INTERNATIONAL |
| 124- | Sté. ROUSSKI ALUMINI MANAGEMENT |
| 140- | Sté. AMMSA GROUP LTD |
| 148- | Sté. ESTRALITA WORLDWIDE LTD |
| 153- | Sté. BAUXITE ANGOLA-SA |
| 155- | Sté. HYDROMINE INC |
| 157- | Sté. ALUFER - PITA -LABE SA |
| 159- | Sté. ALLIANCE MINIERE RESPONSABLE SARL |
| 160- | Sté. PROMINING SARL. |
| 163- | Sté.TOUGUE BAUXITE AND ALUMINA CORP. (TOUBAL) |
| 199- | Sté. DES BAUXITES DE GUINEE S.A |
| 208- | Sté. GENIE CIVIL GUINEE SARL |
| 211- | Sté. MINTEP GUINEE SA |
| 213- | Sté. MULTITEX AFRICA SA. |
| 216- | Sté. MINIERE D'ALUMINE SOMALU |
| 220- | Sté. SUN SAND |
| 223- | Sté. FORWARD AFRICA RESSOURCES |
| 230- | Sté. DYNAMIC MINING SARL |
| 243- | Sté. SILVER VALLEY INTERNATIONAL SA |
| 248- | Sté. CAMEN RESOURCES SARL |
| 267- | Sté. GUIREMHTECH-SA |
| 279- | Sté. DIRECT LEVERAGE Ltd |
| 280- | Sté. BOUA INTER CORPORATION-SARLU |
| 289- | Sté. INSCAPE RESOURCES SARL |
| 298- | Sté. EURASIAN RESSOURCES |
| 323- | Sté. ELEMENT INC. |
| 328- | Sté. FAMABA SARL |
| 329- | Sté. GOLDEN SAINT MINERALS GUINEE SA |
| 345- | Sté. JAHVAUN INVEST Limited. |
| 346- | Sté. FRAVIGNA VENTURES Limited. |
| 347- | Sté. KATISHA GROUP Limited. |
| 35- | Sté. MANDARIN HOLDING LIMITED |
| 360- | Sté. KAKANDE MINIERE COMPANY (KMC)SAU |
| 366- | Sté. ATLANTIQUE GOLD MINING GUINEA SARL |
| 368- | Sté. BRIGHTSTONES MINING GUINEA SARL |
| 372- | Sté. CONSOLIDATED MINING CORPORATION |
| 376- | Sté. GUINEENNE DE DEVELOPPEMENT ECONOMIQUE |

PERMIS D'EXPLOITATION

| | |
|---|---|
| 3- | Sté. COMPAGNIE DES BAUXITES DE KINDIA (CBK) |
| 4- | Sté. BEL AIR MINING SA. |
| 122- | Sté. MINIERE DE BOKE (SMB) |

CONCESSIONS MINIERES

| | |
|---|---|
| 1- | Sté. ALUMINIUM COMPANY OF GuUINEA |
| 2- | Sté. COMPAGNIE DES BAUXITES DE GUINEE C.B.G |
| 3- | Sté. COMPAGNIE DES BAUXITES DE KINDIA (CBK) |
| 23- | Sté. DES BAUXITES DE DABOLA (SBDT SA) |
| 72- | Sté. HENAN-CHINE |
| 124- | Sté. DOMAINE GLOBAL- CONCESSION |
| 149- | Sté. GLOBAL ALUMINA |
| 180- | Sté. ALLIANCE MINING COMMODITIES (AMC) |

Production : Janvier 2016

# Carte n° 2 permis de recherche pour l'or nord-est

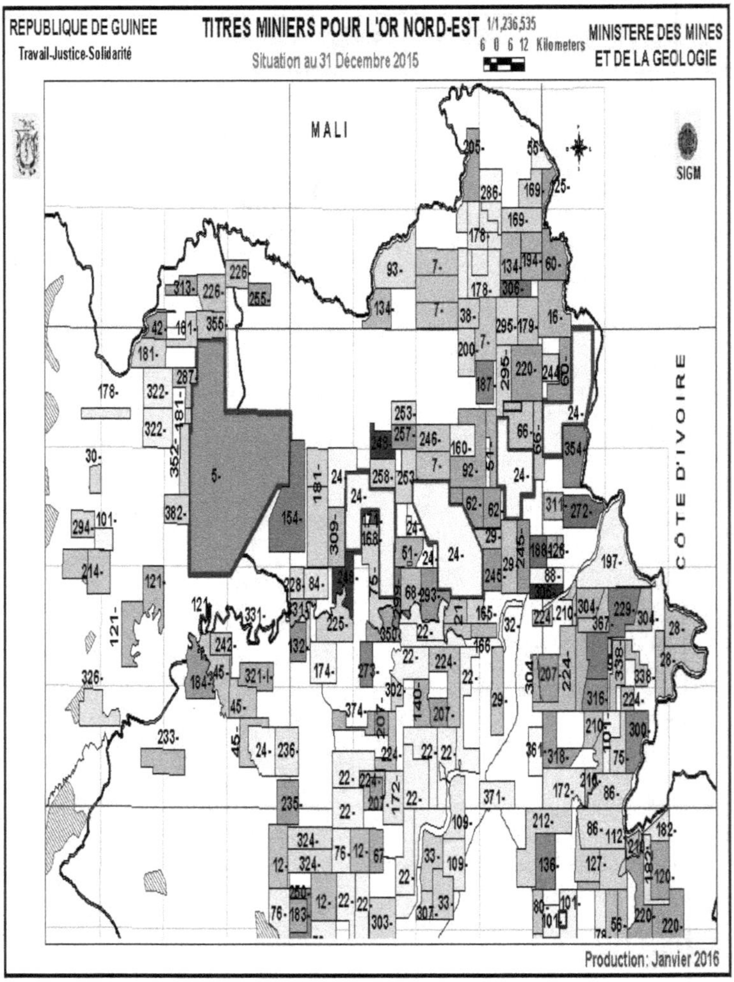

# Carte n° 3 permis de recherche pour l'or sud-est

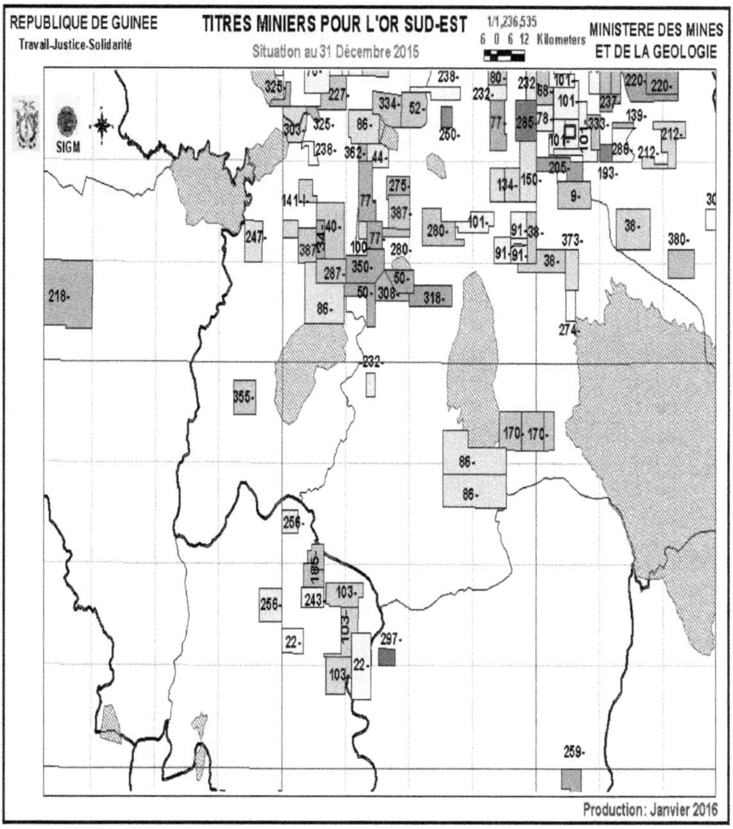

# Tableau n° 11 permis de recherche pour l’or

REPUBLIQUE DE GUINEE
Travail-Justice-Solidarité

**TITULAIRES DES PERMIS MINIERS POUR L'OR**

MINISTERE DES MINES
ET DE LA GEOLOGIE

PERMIS DE RECHERCHES MINIERES

| | |
|---|---|
| 7- | Sté. SAMRAN METALS AND MINING GUINEE |
| 9- | Sté. JAPAN MINING COMPAGNY |
| 12- | Sté. KOUROUSSA GOLD GUINEE-SARL |
| 16- | Sté. HYDROMIN INTL |
| 21- | Sté. T.M.K MINING SA |
| 22- | Sté. ULTRA GOLD GUINEE SARL |
| 24- | Sté. ANGLOGOLD ASHANTI DE GUINEE SAG |
| 28- | Sté. GUINEAN BIRIMIAN GOLD SARL |
| 29- | Sté. GUINEAN GOLD EXPLORATION SARL |
| 30- | Sté. NUKELIA MINING SARL |
| 31- | Sté. ABDOULAYE FOFANA |
| 32- | Sté. STAR INTERNATIONAL LIMITED |
| 33- | Sté. NEWMONT MINING CORPORATION |
| 34- | Sté. KANTEX GUINEE |
| 38- | Sté. CARDOZ FINANCIAL INTER. GROUP |
| 40- | Sté. CASPIAN OIL ET GAS/ BUREY GOLD |
| 42- | Sté. KARIM GOLD BUSINESS |
| 44- | Sté. GUINEE MINERAL HOLDINGS SA. |
| 45- | Sté. UNITED MINING SUPPLY (UMS)-SARL |
| 50- | Sté. PYRITE INTERNATIONAL |
| 51- | Sté. HKD INTERNATIONAL TRADE & MINING SARL |
| 52- | Sté. MINIERE-DRAGAGE-SO-MI-DRA |
| 55- | Sté. AFRICA GOLD BUSINESS SARL |
| 56- | Sté. GUINEAN BRAIN TOUCH SARL |
| 58- | Sté. ENTREPRISE BOURE SANOU |
| 60- | Sté. RESSOURCE MINING SARL |
| 62- | Sté. MINIERE DE SIGUIRI (SMS) |
| 66- | Sté. SHUNSI SOCOPLA SARL |
| 67- | Sté. PINNACLE MINING SA. |
| 68- | Sté. SELLA MINING SARL |
| 75- | Sté. DJOMA MINING |
| 76- | Sté. CASSIDY GOLD GUINEE-SARL |
| 77- | Sté. SOCIETE MINIERE DE FANSAN |
| 78- | Sté. FARAFINA RESOURCES SARL |
| 79- | Sté. IST GROUP GUINEE SARL |
| 80- | Sté. GROUP MINERAL SERVICES-SARL |
| 84- | Sté. HAMILTON MINING MARKETING |
| 86- | Sté. GUIORD SA. |
| 88- | Sté. BAT METAL MINES SARL |
| 91- | Sté. ORGUI SARLU |
| 92- | Sté. AFRICAINE DE DRAGAGE (SAD) - GROUP |
| 93- | Sté. WEST FOR INVESTMENT AND TRADING |
| 101- | Sté. WEGA MINING GUINEE SA |
| 103- | Sté. GUINEA DEV. MINERAL RCES GDMR |
| 109- | Sté. EGEC MINING SARL |
| 112- | Sté. SOGUIMINE S A |
| 116- | Sté. ORDIAMEX MINNING SA. |
| 120- | Sté. LIONS HEAD RESOURCES SARL |
| 121- | Sté. GUINEA PROJET-SARL |
| 125- | Sté. ARC GROUP RESOURCES (AGR) -SA. |
| 126- | Sté. GASO MINNING SARL |
| 127- | Sté. WEST AFRICAN MINING ASSOCIATES |
| 132- | Sté. BFG CONSULTING SARL |
| 134- | Sté. D'EXTRACTION MINIERE DE GUINEE |
| 136- | Sté. ENSO GOLD SA. (SEGOL-SA) |
| 139- | Sté. FIRST GOLD SA. |
| 140- | Sté. AMMSA GROUP LTD |
| 141- | Sté. MINERALS CORPORATION |
| 150- | Sté. MELKI. |
| 154- | Sté. UPPERSIDE HOLDING SARL |
| 160- | Sté. PROMINING SARL. |
| 165- | Sté. D'INVEST. DU COMMERCE INT. EN GUINEE |
| 166- | Sté. T.M. MINING & RESOURCE INTNL |
| 168- | Sté. NK -MINING |
| 169- | Sté. MGWA-GOLD FRANK SARL |
| 170- | Sté. AFRICA BANAWA MINING |
| 171- | Sté. DE COMMERCE ET D'EXPLOITATION DES MINES |
| 172- | Sté. MGWA HOLDING INTERNATIONAL |
| 173- | Sté. MERCURI GUINEE |
| 174- | Sté. TINKISSO GOLD MINING SARL |
| 178- | Sté. WEILY MINING SA. |
| 179- | Sté. QATAR MINING |
| 181- | Sté. BELLVUE INVESTMENTS CORPORATION |
| 182- | Sté. NABE & HOE (N & H) |
| 183- | Sté. MINIERE KINDO ADMA (SOMIKA)-SARL |
| 184- | Sté. CENTRALE D'AFFAIRES ET PARTENARIAT SARL |
| 185- | Sté. GOLDEN PEAK MINING SA |
| 187- | Sté. GOLDEN VALLEY MINING SA. |
| 188- | Sté. INTERNATIONAL TRADE & MINE |
| 193- | Sté. ETABLISSEMEN CHERIF DIALLO ET FILS |
| 194- | Sté. M G W A GUINEE SARL |
| 195- | Sté. ALPHA PROJET SARL |
| 197- | Sté. MER-TERRE 2 HOLDINGS |
| 200- | Sté. BCN3 SARL |
| 204- | Sté. GOLD INDUSTRIE GUINEE SAL |
| 205- | Sté. ALCOM TRADING COMPANY LIMITED |
| 206- | Sté. NON IRON METALS COMPANY GUINEE |
| 207- | Sté. MINIERE DE GUINEE SA |
| 210- | Sté. GOLD WATER GUINEE SARLU |

Production : Janvier 2016

# Tableau n° 12 permis de recherche pour l'or (suite)

REPUBLIQUE DE GUINEE
Travail-Justice-Solidarité

## TITULAIRES DES PERMIS MINIERS POUR L'OR (Suite)

MINISTERE DES MINES ET DE LA GEOLOGIE

### PERMIS DE RECHERCHES MINIERES

- 212 Sté. MINING AND GEOLGY CONSULT (MGC.)
- 214 Sté. MANAGEM SA
- 218 Sté. GUINEE OPES MINERALS SARL
- 220 Sté. SUN SAND
- 221 Sté. IREMP 3A LTD
- 224 Sté. SCAMUR
- 225 Sté. INFINITE AURUM SA
- 226 Sté. SWISS MINES GUINEE-SA
- 227 Sté. TONGXIN MINES SARL
- 228 Sté. 79-ERS FIFA SARL
- 229 Sté. NONSIMBA GOLD FIELDS
- 232 Sté. LONGSHENG GUINEE SARL
- 233 Sté. AEG GUINEE
- 234 Sté. DELTA MINING COMPAGNIE SARL
- 235 Sté. INTERNATIONAL MINING CORP.
- 236 Sté. GUINEA INTERNATIONAL MINING (GIM)
- 237 Sté. AIGLE D'OR SARL
- 238 Sté. WEST AFRICAN GEOLOGICAL SERVICES
- 242 Sté. DRAME PROJECT OR GUINEA - SARL
- 243 Sté. SILVER VALLEY INTERNATIONAL SA
- 244 Sté. BAMBUK MINERALS Limited. GUINEE
- 245 Sté. TRANS OCEANIC MINERAL COMPAGNIE
- 246 Sté. SEKA SARL
- 247 Sté. KABA,ARI, RONEN ET ANTOU HOLDING
- [illegible] Sté. CAMEN RESOURCES SARL
- 250 Sté. ALMAZ SARL
- 251 Sté. GREEN GOLD RIVER CORPORATION
- 253 Sté. V E P GROUPE SARL
- 255 Sté. SVOTRAL-SARL
- 256 Sté. GUINEE SHENG FENG INVESTMENT
- 257 Sté. UKRAINE GUINEE MINIERE GROUP SARL
- 258 Sté. CAMARA DIAMOND & GOLD TRADING
- 259 Sté. OK INTERNATIONAL SARL
- 269 Sté. RITZ MINING LIMITED SA
- 272 Sté. GOLDEN RESEARCH AND MINING NETWORK
- 273 Sté. MORI GOLDING SARL
- 274 Sté. GLOBAL METAL & GEM'S STONE
- 275 Sté. GUINEENNE D EXPLOITATION
- 280 Sté. GUINEA CORPORATION
- 282 Sté. GESTION D'EXPERTISE ET EXPLO. MINIERE
- 285 Sté. FARAFINA MINERAL SARL
- 286 Sté. WASSOLON MINING SARL
- 287 Sté. GUINEE SUD DES MINES ET CARRIERE
- 293 Sté. DJOLIBA-NOVA HOLDING- DNH-SA
- 294 Sté. LIONS HEAD RESOURCES GUINEA SARL
- 295 Sté. RRMS MINING Ltd
- 297 Sté. HUAYA SARL
- 299 Sté. WEST AFRICAN GEOLOGICAL SERVICE-WAGS-
- 300 Sté. BOSSOBA MINING SARL
- 301 Sté. AFRIKANESS
- 302 Sté. CORE MINING INTERNATIONAL MINING SARL
- 304 Sté. ORDIM MINING SARL
- [illegible] Sté. TEWA MINING OF GUINEA SA
- 306 Sté. MACI MINING SARL
- 307 Sté. T M GEMESTONES & METAL SARL
- 308 Sté. SOCOMET IG SARL
- 309 Sté.PROINVEST MINING
- 311 Sté. DNIPRO SARL
- 313 Sté.DIAMOND BUSINESS CLASS SARL
- 316 Sté.CHINA GEO-ENERGINEERING CORP. GUINEE
- 318 Sté.COMPAGNIE France GUINEE SARLU
- 321 Sté. FAA-BALTIK-GROUPE-SARL
- 322 Sté. GUINEENNE D EXPLOITATION MINIERE
- 324 Sté. REGOLIF EXPLORATION SARL
- 325 Sté. BENKADY GUINEE SARL
- 326 Sté. ALAMAKO CORPORATION INT.
- 330 Sté. ELODIE'S
- 331 Sté. GUINEE GOLD BUSINESS SARL
- 333 Sté. SERR
- 334 Sté. AU GROUPE GUI. CO.PRES. SA
- 338 Sté. NEW JAPAN MINING COMPAGNY SARL
- 350 Sté. YELLOW GROUND INTER. SA
- 352 Sté. LY BAILA SARL
- 354 Sté. DOKO GOLD MINING S.A
- 355 Sté. KENAM SARL
- 361 Sté. MINIERE DE NAFADJI (SMN)
- 362 Sté. ALEXIS MINERAL HOLDINGS SARL
- 367 Sté. DOLPHIN RESOURCES SARL
- 371 Sté. ELHADJ KADJALI SA (SEK-SA)
- 373 Sté. DE GENIE TECHNIQUES-GENITEC
- 374 Sté. JAMY MINING SERVICES SARL (JMS-)
- 380 Sté. NANALEN GOLD MINE (NGM) SA
- 382 Sté. GINDIA MINERALS GUINEA SARL
- 383 Sté. SIMGUI SARL
- 387 Sté. PHYNODDERRIE LIMITED

### PERMIS D'EXPLOITATION MINIERE

- 9 Sté. JAPAN MINING COMPAGNY SARL
- 66 Sté. SHUNSI SOCOPLA SARL
- 100 Sté D'EXTRACTION DES MINES CISEEHAMB.
- 101 Sté. WEGA MINING GUINEE SA

### CONCESSIONS MINIERES

- 5 Sté. MINIERE DE DINGUIRAYE (SMD)
- 24 Sté. ANGLOGOLD ASHANTI DE GUINEE SAG

Production : Janvier 2016

**Carte n° 4 permis de recherche pour le Diamant Nord-Est**

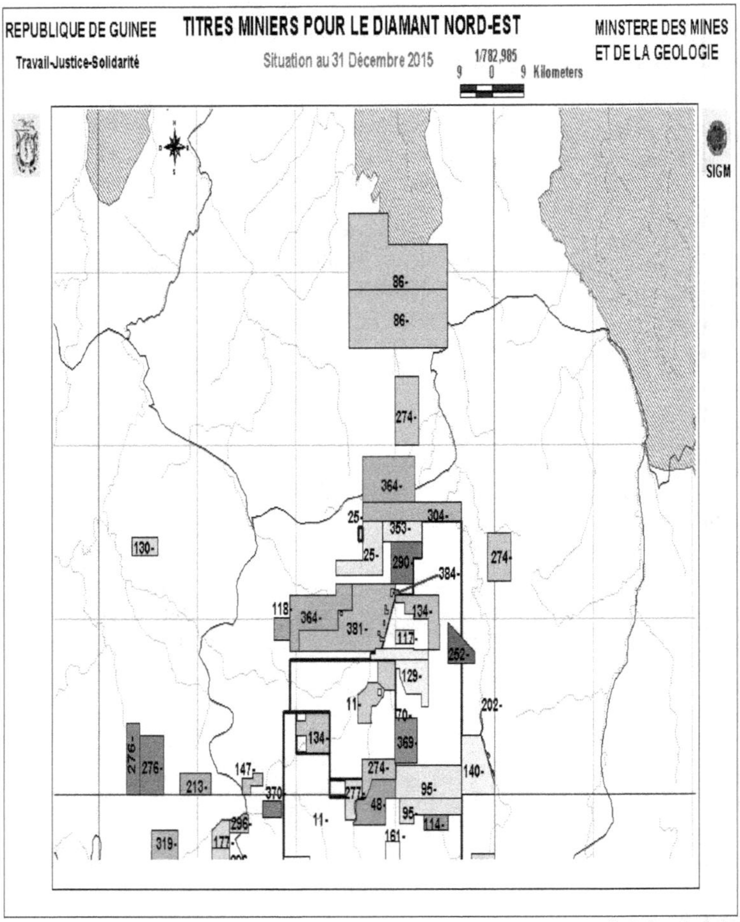


Production : Janvier 2016

## Carte n° 5 permis de recherche pour le Diamant Sud-Est

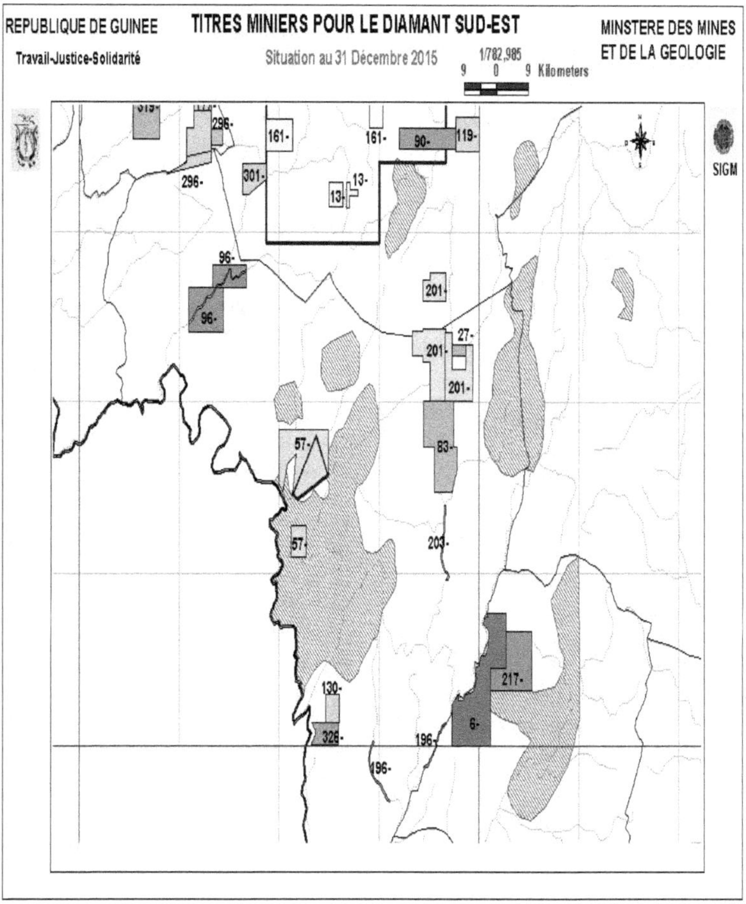


Production : Janvier 2016

# Tableau n° 13 permis de recherche pour le Diamant

REPUBLIQUE DE GUINEE
Travail-Justice-Solidarité

**TITULAIRES DES PERMIS MINIERS POUR LE DIAMANT**

MINISTERE DES MINES ET DE LA GEOLOGIE

PERMIS DE RECHERCHES MINIERES

| N° | Titulaire | N° | Titulaire |
|---|---|---|---|
| 6- | Sté. DIAMAS SARL | 196- | Sté. K2K SARL |
| 11- | Exploitation Artisanale du Diamant et autres gemme | 201- | Sté. FRIENDSHIP DIAMOND GUINEE |
| 13- | Sté. RESSOURCE MANDALA GUINEE SARL | 202- | Sté. DIAINVEST S.A |
| 25- | Sté. BASSAD GUINEE | 203- | Sté. MAXIMA SARL |
| 27- | Sté. DAUMINE-SARL | 213- | Sté. MULTITEX AFRICA SA. |
| 48- | Sté. MINIERE GUINEO AMERICAINE (SOMIGA) SA | 217- | Sté. AFRITECH INVESTMENTS SARL |
| 57- | Sté. SOREM - SARL. | 241- | Sté. SOREX SA. |
| 59- | Sté. WEST AFRICAN DIAMONDS ET FRIENDSHIP DIAMOND GUI | 252- | Sté. J F F SARL |
| 70- | Sté. WEST DIAMONDS LIMITED GUINEE | 274- | Sté. GLOBAL METAL & GEM'S STONE |
| 83- | Sté. SAVAMCO SARL | 276- | Sté. ARNIC HOLDINGS Limited |
| 86- | Sté. GUIORD SA. | 277- | Sté. CONABRAS MINING INCORPORATION SARL |
| 90- | Sté. METALOR GUINEE SAR | 290- | Sté. ATLANTIC OIL CORPORATION |
| 95- | Sté. MAKONA(SM) SARL | 296- | Sté. I&J DIAMONDS SARL |
| 96- | Sté. RESSOURCE ORION GUINEE SARL | 301- | Sté. AFRIKANESS |
| 112- | Sté. SOGUIMINE S A | 304- | Sté. ORDIM MINING SARL |
| 114- | Sté. ALTI DEVELOPPENT GUINEE | 310- | Sté. DIAMKLING-TRADE& MINING SARL |
| 117- | Sté. SHODMA- SARL | 319- | Sté. TAMIYANDOU KISSI MINES SARL |
| 118- | Sté. DE RECERCHE D'EXPLOITATION MINIERE DE GUINEE | 326- | Sté. ALAMAKO CORPORATION INTERNATIONAL-SARL |
| 119- | Sté. ALPS DEVELOPMENT GUINEA | 353- | Sté. DELTA LOG |
| 129- | Sté. DJOLIBA MINING DEVELOPPEMENTSARL | 355- | Sté. KENAM SARL |
| 134- | Sté. D'EXTRACTION MINIERE DE GUINEE (SEMIG)-SARL | 364- | Sté. BATAX-BOUNA INTERNATIONAL MINING CORP. SARL |
| 140- | Sté. AMMSA GROUP LTD | 369- | Sté. BATAGON MINING GUINEA SA |
| 144- | Sté. RESSOURCES TASSILIMAN BAOULE SA | 370- | Sté. GUIMAB SERVICE SARL |
| 147- | Sté. RAVENHOUSE TRADING CORP OF GUINEA SARL | 381- | Sté. GUITER SA |
| 161- | Sté. QUANTICA MINING CORPORATION SA | 384- | Sté. SAL SARLU |
| 177- | Sté. MINIERE WALIYA SALAM | | |

PERMIS D'EXPLOITATION MINIERE

| N° | Titulaire |
|---|---|
| 11- | Exploitation Artisanale du Diamant et autres gemme |
| 25- | Sté. BASSAD GUINEE |
| 57- | Sté. SOREM - SARL. |

Production : Janvier 2016

## Carte n° 6 permis de recherche pour le Fer

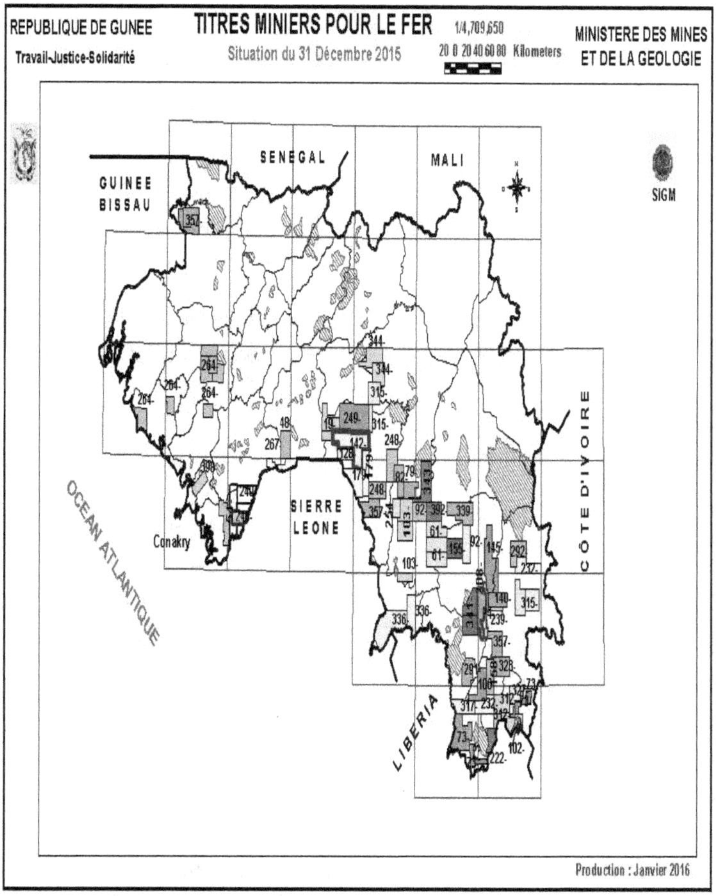

# Tableau n° 14 permis de recherche pour le Fer

REPUBLIQUE DE GUINEE
Travail-Justice-Solidarité

**TITULAIRES DES PERMIS MINIERS POUR LE FER**

MINISTERE DES MINES
ET DE LA GEOLOGIE

**PERMIS DE RECHERCHES MINIRES**

| N° | Titulaire | N° | Titulaire |
|---|---|---|---|
| 19- | Sté. EDNAH SERVICES Limited | 248- | Sté. CAMEN RESOURCES SARL |
| 38- | Sté. CARDOZ FINANCIAL INTER. GROUP HOLDING | 249- | Sté. GUINEA MINERALS AND MINING (GMM) |
| 48- | Sté. MINIERE GUINEO AMERICAINE (SOMIGA) SA | 254- | Sté. WEST AFRICA IRON ORE GUINEE SARL |
| 54- | Sté. SKY ALLIANCE RESSOURCES GUINEE SA | 264- | Sté. AFRICAINE DE DEVELOPPEMENT MINIER (ADEM) |
| 61- | Sté. CHINA HYWAY GROUP LIMITED | 267- | Sté. GUIREMHTECH-SA |
| 73- | Sté. DES MINES DE FER DE GUINEE (SMFG) SA | 291- | Sté. TASSANA INTERNATIONAL |
| 79- | Sté. IST GROUP GUINEE SARL | 292- | Sté. DAMASH MINERALS |
| 82- | Sté. WELSPUN GUINEE-SA | 312- | Sté. ORIXADEX AND MATTER LIMITED |
| 92- | Sté. AFRICAINE DE DRAGAGE (SAD) - GROUP | 315- | Sté. INTERNATIONAL MINING INVESTMENTS ASSETS |
| 103- | Sté. GUINEA DEVELOPMENT MINERAL RESOURCES GDMR | 317- | Sté. GLOBAL COMPREHENSIVE DEVELOPMENT -GCD LTD- |
| 106- | Sté. AFRICAN RAINBOW MINERALS Limited | 323- | Sté. ELEMENT INC. |
| 128- | Sté. PINNACLE GROUP ASSETS LIMITED. | 327- | Sté. WEST AFRICA EXPLORATION S.A |
| 140- | Sté. AMMSA GROUP LTD | 336- | Sté. RIO PONGO |
| 145- | Sté. COMPAGNIE VALE GUINEE SA | 339- | Sté. ANGOLASIAGUINEE SA. |
| 155- | Sté. HYDROMINE INC | 341- | Sté. TIANJIN LEIJUN INVEST. HOLDING CO.Ltd |
| 158- | Sté. ENSO FERROUS SA | 343- | Sté. NATUREL RESOURCES DEVELOPMENT |
| 179- | Sté. QATAR MINING | 344- | Sté. MATINDA AND CO. LIMITED SARL |
| 222- | Sté. WINDFALL RESOURCES SA | 357- | Sté. GUINEA IRON ORE (BVI) LIMITED |
| 232- | Sté. LONGSHENG GUINEE SARL | 392- | Sté. SOREXCOM-GUINEE SARL |
| 239- | Sté. BAUXAL CORPORATION | 398- | Sté. KAKOULIMA BASE METALS SARL |
| 240- | Sté. GDC MINING AND OIL & GAS SA | | |

**PERMIS D'EXPLOITATION MINIERE**

| N° | Titulaire | N° | Titulaire |
|---|---|---|---|
| 240- | Sté. GDC MINING AND OIL & GAS SA | 327- | Sté. WEST AFRICA EXPLORATION S.A |

**CONCESSIONS MINIERES**

| N° | Titulaire | N° | Titulaire |
|---|---|---|---|
| 74- | Sté. SIMFER S.A / RIO TINTO | 142- | Sté. BELLZONE HOLDING SA. |
| 102- | Sté. EURONIMBA | 208- | Sté. GENIE CIVIL GUINEE SARL |

Production : Janvier 2016

# Carte n° 7 permis de recherche pour les métaux de base

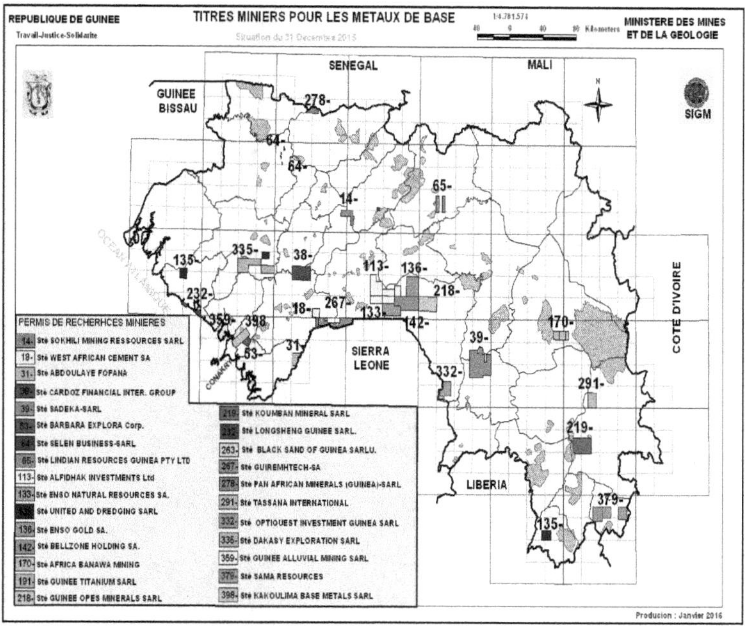

# Carte n° 8 permis de recherche pour l'uranium

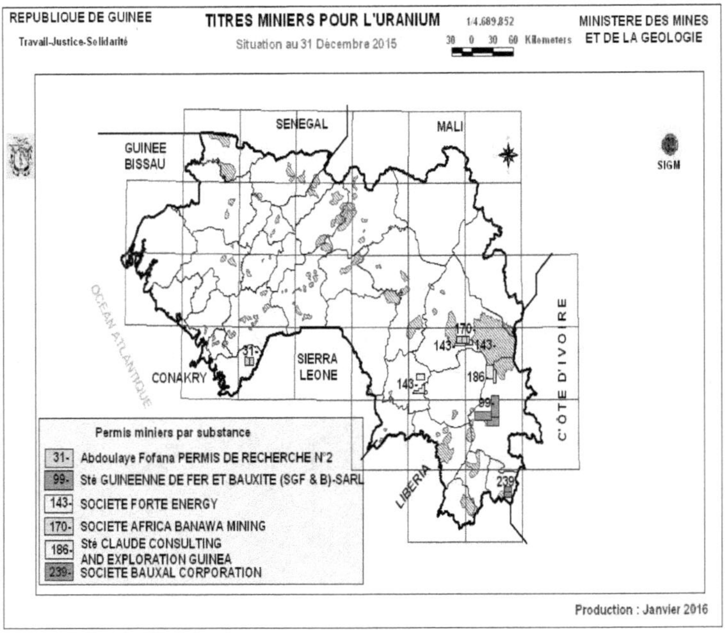

# CHAPITRE IV

## EXPLOITATION DES RESSOURCES MINIÈRES

Quatre principales ressources minérales de références mondiales ceinturent la presque totalité du territoire guinéen à l'intérieur de grandes unités géologiques d'âge allant de l'archéen inférieur au cénozoïque. Suivant la hiérarchie des valeurs telle que celle-ci est établie aujourd'hui et dans l'état actuel des connaissances, il y a la bauxite, le fer, l'or et le Diamant concernés, par les activités de production et d'exportation ; exception faite à date pour le fer.

Il est pratiqué aujourd'hui en Guinée trois formes d'exploitations des ressources, qui sont :

- l'exploitation industrielle effectuée par les sociétés de grandes tailles dont les productions sont commercialisées au niveau du marché mondial de la bauxite, de l'or et du diamant.

- l'exploitation semi-industrielle très peu évoluée et celle artisanale constituant un maillon très développé dans le pays donnent une production significative et importante dans la filière de l'or et du diamant.

### Généralités sur l'exploitation industrielle en Guinée

L'exploitation industrielle en Guinée a commencé en 1937 par la bauxite, dans les îles de Loos sur un premier gîte à Tamara ; ce fut le tour de celui d'un second sur l'île de Kassa de 1952 à 1961 par la Compagnie des Bauxites du Midi. Cette bauxite s'est développée sur les syénites néphéliniques. En 1957 débutait l'exploitation des gisements de Fria et la première usine d'alumine en terre africaine fut construite. L'exploitation du Fer de Kaloum avec ses 6 milliards de tonnes de réserves a été effective de 1953 à 1966 par la Compagnie Minière de Conakry, et ce, à une cadence de 639 000 tonnes par an, alors que la capacité de production de la mine était de 1 200 000 tonnes par an. Les teneurs en fer (52,6 %) en chrome (1,5 %) l'eau combinée (10 %) et l'Alumine (10 %) ont constitué un obstacle majeur pour la conquête du marché. C'est la découverte en 1932 du diamant que de nombreuses sociétés étrangères se sont installées en Guinée et la mise en place d'AREDOR est intervenue à l'indépendance pour exploitation industrielle du diamant.

La plus grande exploitation de la bauxite du pays est située au Nord-Ouest ; elle a débuté en 1973 avec la Compagnie des Bauxites de Guinée (CBG). La Société des Bauxites de Kindia, entrée en production en 1977, est le deuxième producteur de bauxite en Guinée. La Société Minière de Boké (SMB) occupe le troisième rang, elle a débuté sa production en 2015.

**Généralités sur la bauxite**

La bauxite d'une manière générale a été découverte en Guinée en 1821 par P.Berthier, géologue français ; elle est présente dans toutes les quatre régions naturelles de la Guinée. La zone bauxitique comprend plusieurs provinces dont la plus importante est celle de Cogon /Tominé dans le Nord – Ouest guinéen ; elle constitue la première ressource minérale du pays.

**Composition minéralogique de la bauxite :**

**Tableau n° 15 : composition minéralogique de la bauxite**

| Éléments | Quantités | Composition minéralogique |
|---|---|---|
| Alumine | $Al_2O_3$ de 35 à 65 % | Hydrargilite $Al(OH)_3$ Boehmite AlOOH Diaspore AlOOH Goethite substituée |
| Silice | $SiO_2$ de 0,5 à 10 % | Quartz ; Kaolinite ; Opale, etc. |
| Oxyde de fer | $Fe_2O_3$ de 2 à 3 % | Goethite ; Hématite Sidérite |
| Titane | $TiO_2$ de O,5 à 8 % | Anatase ; Rutile |
| Oxyde de Calcium | Cao De O à 55 % | Calcite, Dolomite, Magnésite |

Il n'y a pas de définition précise ni de formule chimique de la bauxite. Les différentes bauxites se distinguent selon la forme minéralogique dans laquelle l'alumine est engagée. On parle alors de bauxite gibbsitique (hydrargilite), boehemitique ou diasporitique. La bauxite gibbsitique est prédominante, elle est généralement la plus jeune et se rencontre dans les régions tropicales et subtropicales très près de la surface du sol. Les plus vieux gisements d'Europe (France, Grèce) et d'Asie contiennent en majorité la boehmite et la diaspore. Ce sont des gisements souterrains dans la plupart des cas. La bauxite guinéenne est généralement gibbsitique et on rencontre souvent 5 à 10 % de boehmite dans la bauxite de la partie centrale du pays.

### La bauxite dans le procédé BAYER

À l'heure actuelle, plus de 95 % de l'alumine est produite à partir de la bauxite suivant le procédé Bayer. La bauxite est une matière première de choix, car l'alumine y est présente sous forme simple et en quantité importante (30 à 65 %). Les conditions de mise en procédé peuvent être très différentes selon le type de bauxite utilisée. Par exemple, une bauxite diasporique s'attaque à plus haute température qu'une bauxite gibbsitique (plus tendre). Le type de bauxite est un facteur très important à prendre en compte lors de la conception de l'usine de traitement. La gibbsite a la plus faible densité et est la plus douce des trois minéraux.

La diaspore est le plus dense et plus difficile à traiter. Ils sont tous solubles dans une solution de soude caustique à une température au-dessus de 100 °C. La gibbsite se dissout plus facilement à des températures plus basses, et peut être traitée à peu de frais. Le traitement de la boehmite et de la diaspore demande beaucoup d'énergie et s'avère très onéreux. Les impuretés rencontrées dans la bauxite sont nombreuses et variées. Ce sont principalement la silice et le fer qui causent d'énormes difficultés au cours du traitement. Les autres impuretés telles que les substances minérales et organiques, le titane ont besoin d'attention et de prise en considération pendant le raffinage de la bauxite.

### Destination commerciale de la bauxite

Les bauxites sont classées suivant leur utilisation et leur destination commerciales. La bauxite est utilisée dans les domaines de la chimie et de la métallurgie ; elle sert à la fabrication du ciment, des abrasifs et des briques réfractaires. En outre, environ 90 % de la bauxite extraite est traitée dans les raffineries pour la production de l'alumine en première phase et l'obtention de l'aluminium en seconde phase à travers les fonderies. L'aluminium est un métal stratégique largement utilisé, dépassant la consommation industrielle de l'acier et celle des autres métaux non ferreux. Il connaît de multiples usages dans les domaines de l'aérospatiale, de l'industrie navale, du transport routier et ferroviaire. L'aluminium prend une part non négligeable dans la construction des bâtiments et du génie civil, dans l'armement, dans la fabrication des appareils électriques et des emballages des produits alimentaires. Il est aisé de comprendre que c'est le marché de l'aluminium qui fait prospérer celui de l'alumine. C'est pourquoi les raffineries d'alumine sont dépendantes de la demande et des prévisions de l'évolution de la production de l'aluminium primaire sur le marché. La commercialisation de la bauxite est aussi tributaire du marché de l'alumine

**Production de la bauxite en Guinée :**

La production comme indiquée dans le tableau ci-dessous corrobore bien avec les résultats des tableaux précédents (7 et 8), ceci dit, seulement trois sociétés sont en exploitation dont la CBG et la CBK ayant une expérience en la matière depuis plus de trois décennies et la SMB qui vient de rentrer en production en 2015. La Guinée est l'un des plus grands producteurs et le principal exportateur de bauxite en Afrique. Elle produit près de 20,2 millions de tonnes par an de minerais destinés à pourvoir les besoins des industries européennes, américaines et asiatiques.

Il reste entendu que le pays ne dispose pas de raffineries et suffisamment d'énergie pour envisager la transformation de la bauxite produite en alumine.

La seule usine d'alumine construite en 1957 en Guinée qui demeure la première en terre d'Afrique, gérée par Rusal Fria est en arrêt depuis 2012.

Le cas particulier des huit (8) permis d'exploitation et des onze (11) conventions minières doit être réexaminé pour sortir notre pays de cette situation d'immobilisme que connaît aujourd'hui le Secteur minier guinéen.

**Tableau n° 16 Production et exportation de la bauxite de Guinée de 2010 à 2014 par la CBG et la CBK (en millions de tonnes)**

| **Sociétés minières** | **2010** | **2011** | **2012** | **2013** | **2014** |
|---|---|---|---|---|---|
| CBG | 12 604 043 | 12 940 000 | 14 505 969 | 15 166 047 | 15 239 218 |
| **CBK** | **2 944 550** | **3 000 000** | **3 400 000** | **3 740 000** | **3 255 000** |

***Source :*** *ministère des Mines et de la géologie*

**La bauxite de Guinée et le marché mondial**

Les spéculations continueront toujours autour de la participation de la Guinée sur le marché de la filière bauxite.

L'essentiel est que la Guinée y améliore le niveau de sa production pour pouvoir engranger davantage de revenus dans le but de satisfaire les besoins de son économie. Il est plus facile pour le pays de faire chemin dans le domaine de la bauxite en élaborant un véritable programme de développement de ce minerai, en allant progressivement à l'alumine et pourquoi pas à l'aluminium. C'est le moment de se positionner par rapport à la construction du barrage hydroélectrique de Souapiti. La Guinée a la possibilité et les moyens nécessaires d'augmenter sa production en triplant au besoin celle-ci en saisissant toutes les opportunités qui s'offrent actuellement à elle. Les sociétés et projets détenteurs de permis d'exploitation et de convention minière sont mieux indiqués pour satisfaire ce besoin.

**Tableaux n° 17 : liste des plus gros producteurs de bauxite dans le monde en 2004 (millions de tonnes)**

| Pays | Production (million de tonnes) | % production mondiale | Réserve mondiale |
|---|---|---|---|
| Australie | 61.2 | 37.0 % | 8,700 |
| Guinée | 20.2 | 12.2 % | 8,600 |
| Brésil | 16.5 | 10.0 % | 2,900 |
| Jamaïque | 16.1 | 9.7 % | 2,500 |
| Chine | 12.3 | 7.5 % | 2,300 |
| Inde | 10.7 | 6.3 % | 1 ,400 |
| Russie | 5.5 | 3.3 % | 250 |
| Venezuela | 5.1 | 3.1 % | 350 |

| | | | |
|---|---|---|---|
| Kazakhstan | 4.8 | 2.9 % | - |
| Surinam | 4.5 | 2.7 % | |
| Guyane | 2.1 | 1.2 % | 600 |
| Grèce | 1.9 | 1.1 % | 900 |
| Indonésie | 1.2 | 0.7 % | 575 |
| Autres | 3.7 | 2.2 % | 800 |
| **Total production mondiale** | **165.3** | | |

***Source :*** *Société des Bauxites de Dabola-Tougué*

Ainsi le plus grand producteur de bauxite est l'Australie avec 37 % de la production mondiale et la Guinée occupant le deuxième rang en 2004, est le quatrième producteur mondial en 2014, d'après United States Geological Survey.

Ceci s'explique par le fait que la Guinée n'a pas pu améliorer sa production et surtout développer de nouvelles mines.

La production mondiale en 2004 est de 165 millions de tonnes de bauxite contre 113 millions de tonnes en 1990. Ce qui veut dire qu'il a été constaté une augmentation de la production de ce minerai au cours de cette période. Environ 30 % de la bauxite extraite est traitée à distance dans les raffineries occidentales et la moitié de celle-ci fait l'objet d'échanges entre les différentes parties intéressées à la filière ; et la plupart des bauxites d'échanges se font par des contrats d'approvisionnement à long terme, ce qui signifie que presque aucune bauxite n'est disponible à la vente sur le marché ou à court terme. Pendant la même période allant 1990-2004, une croissance de la production de l'aluminium de première fusion a été enregistrée. En 2004 la Guinée, dans ce groupe occupait la deuxième place et a demeuré un pourvoyeur du marché mondial, premier producteur et exportateur de la bauxite en Afrique. La participation de la Guinée sur le marché mondial est de **19 470 305,08** de tonnes de bauxite exportées pour l'année 2015. Cette quantité avoisine la production de 20,2 annoncée en 2004 malgré les difficultés causées par le virus Ebola et son impact sur le Secteur minier.

En 2014 selon l'agence américaine United States Géological Survey, la Guinée a produit 19,3 millions de tonnes de bauxites, quatrième producteur mondial et premier en Afrique, selon la même source les réserves du pays estimées à 7,4 milliards de tonnes sont les plus importantes du monde devant celles de l'Australie qui sont de 6 milliards de tonnes. Le gouvernement guinéen espère accroître de 30 %, la production de la bauxite en Guinée avant fin 2016 rapporte Reuters, et cite l'entrée en production de la société Minière des Bauxites de Boké (dans la deuxième moitié de 2015) évoluant dans le nord-ouest de la Guinée.

**Tableaux n° 18 bauxite : production des compagnies minières en opération (en tonnes) pour l'année 2015**

| Mois | Compagnie des Bauxites de Guinée (CBG) | Compagnie des Bauxites de Kindia (CBK) | Société Minière de Boké (SMB) |
|---|---|---|---|
| | Production | Production | Production |
| janvier | 1 254 087 | 295 394,34 | |
| février | 1 076 682 | 259 205,96 | |
| mars | 1 343 296 | 300 392,61 | |
| avril | 1 173 161 | 271 420,08 | |
| mai | 1 210 339 | 306 219,39 | |
| juin | 1 181 914 | 226 711,84 | |
| juillet | 1 344 658 | 236 955,66 | |
| août | 1 330 478 | 253 800,66 | 180 000 |

| | | | |
|---|---|---|---|
| septembre | 1 313 201 | 238 044,91 | 180 000 |
| octobre | 1 344 690 | 316 005,47 | 180 000 |
| novembre | 1 366 000 | 310 309,59 | 180 000 |
| décembre | 1 280 000 | 337 338,58 | 180 000 |
| **Total** | **15 218 50 6** | **3 351 799, 08** | **900 000** |

***Source :*** *MMG. Total de la production est égale à 19 470 305,08 tonnes*

C'est le consortium dirigé par China Hongqiao Group Ltd producteur d'aluminium qui a développé le projet de la Société Minière de Boké.

L'exemple de la Société Minière de Boké (SMB) est singulier par le fait que détentrice d'un permis d'exploitation, elle a réussi à mettre sur le marché de la filière bauxite près d'un million de tonnes de minerais.

**Activités de recherches et d'exploitation de l'Or en Guinée :**

En Guinée, les activités de recherche et d'exploitation de l'Or s'intensifient avec un intérêt de plus en plus accru. De nombreux spécialistes guinéens et experts étrangers regroupés dans des équipes multidisciplinaires ont effectué au sein de différents projets miniers plusieurs travaux sur l'or et à travers presque tout le pays. Ces travaux ont permis la mise en évidence de nouveaux gîtes primaires et secondaires. L'état actuel des connaissances en matière de recherche minière permet de distinguer en Guinée :

- Les gisements liés aux filons quartzeux (Banora, Gobelé, Jean, Tinkisso et autres),

- Les gisements d'altération (Léro, Sibiri, Koron, Fatoya etc.

- Les placers aurifères (très nombreux en Guinée).

**Gisements aurifères filoniens :**

Les filons aurifères sont très connus dans la littérature géologique, ils se localisent dans les roches métasédimentaires du birrimien représentées par les argilites, pelites, schistes arkoses, etc. parfois ils sont identifiés dans les formations archéennes du socle. Ces filons sont rencontrés à Siguiri, dans les secteurs de la chaîne de Niandan-Banie, à Kouroussa Jean et Gobelé, à Dinguiraye (Banora) à Mamou – Faranah (Fitaba ou de Kaba-Mongo). Des efforts considérables ont été consentis à l'étude de ces filons, mais les résultats n'ont pas été encourageants dans le temps, aussi bien dans le secteur de Banora, que pour celui de Niandan-Banié à cause de leurs réserves qui se sont avérées très faibles pour une exploitation économiquement rentable.

Cependant, la société Semafo a finalisé en 1999 une étude de faisabilité pour la zone de Kiniéro qui recèle des réserves exploitables de près de 15 tonnes d'or, les filons Jean et Gobele seront exploités en mine souterraine (plus de 7 tonnes d'or). La poursuite des travaux de recherche permettra à la société Semafo de porter l'espérance de vie de la mine à près de 8 ans d'exploitation.

Une étude approfondie du secteur de Banora par Dr Fodé Diaby (1989) a contribué à faire un apport scientifique sur le caractère génétique et les températures de formation des filons aurifères.

- La description minéralogique des filons de Banora et environs ont permis de distinguer deux types d'associations paragénétiques formées presque en un seul et même temps.

- Quartz-pyrite-arsénopyrite + or

- Quartz –pyrrhotine-chalcopyrite-sphalérite + or.

La place de l'or dans cet ordre n'a pas été déterminée et il est souvent invisible dans les sulfures.

- Le quartz dans les filons aurifères est le principal constituant et les minéraux secondaires sont : la goethite et l'hydrogoethite.

La détermination de la température d'homogénéisation des inclusions fluides primaires des filons quartzeux à sulfures varie de 218° à 338 °C. La mise en place de ces filons à sulfures s'est réalisée donc dans les conditions de haute température.

- Dans les environs de Banora, on rencontre un autre type de filon quartzeux aurifère (Matagania). Dans ce quartz on n'observe pas de traces ou de vides laissés par les sulfures, mais en surface existent des filons de quartz comportant de fines fissures remplies d'hydrogoethite. La température de formation de ce type de filon quartzeux est de 233 °C.

Les filons quartzeux aurifères à sulfures sont des filons caractéristiques des gisements de Banora, Jean, Gobelé et autres. C'est dire qu'à l'avenir les filons de Banora et d'autres réserveront des surprises à l'image de ceux de Jean et Gobelé :

**Gisements aurifères liés aux altérites :**

Ce sont des gisements qui sont mis en évidence suite à une prospection géochimique et des sondages carottés. À ce groupe se rapportent les gisements de Lero et de Paramangui dans la préfecture de Dinguiraye, de Koron à Siguiri et de Sibiri dans la préfecture de Kankan. Ce type de minéralisation est susceptible d'être très répandu en Guinée et se développe dans les formations volcano-sédimentaire (birrimien inférieur) altéré en surface et lessivé par une altération super gène jusqu'à une profondeur de la matrice qui contient la minéralisation est constituée essentiellement d'argile, de quartz, d'hématite et de limonite. Les accompagnateurs de l'or sont à citer pour mémoire, car ils n'interviennent qu'à l'état de trace : Ag, Pb, Cu, Zn.

La taille de l'or n'a pas été confirmée par une étude précise, car il s'agit de l'or fin, invisible à l'œil nu. Cet or est inférieur à 60 microns. Aussi les travaux de recherche menés par la SIDEM-SA ont mis en évidence le gisement de Sibiri à Kankan, lié aux croûtes d'altération et aux formations latéritisées déluvio-éluviales de recouvrement. L'avenir de la recherche minière de l'or de Guinée se rapporte aux gisements d'altération. Les données actuelles sont encourageantes et on note à l'actif de ce groupe plus de 100 tonnes d'or découvertes à ce jour.

Les gisements de Dinguiraye, Lero et Paramangui ont donné 35 tonnes d'or, ceux de Sibiri dans Kankan 5 tonnes auxquels s'ajoute l'impressionnant gisement découvert à Siguiri par la société Golden Shamrock Mines, gisement dont les réserves dépassent 70 tonnes d'or. Si en 1989 les réserves exploitables de toutes les régions aurifères de la Guinée étaient estimées à près de 140 tonnes (rapport MRNE- 1989), aujourd'hui sans aucune exagération elles peuvent être réévaluées à presque dix fois plus.

**Placers aurifères :**

Ces formations sont très répandues dans notre pays. Elles forment les gisements secondaires qui se sont constitués suite aux processus de concentration de l'or dans les dépôts détritiques provenant des gîtes primaires.

Elles s'observent aussi bien sur les pentes de l'écorce d'altération latéritique, qu'au voisinage des gîtes primaires.

Les placers aurifères sont très connus en Guinée pour leur richesse en or. Ils sont exploités dans les bassins de Siguiri, dans les zones de Mamou-Faranah, Kérouané, N'Zérékoré, de Dinguiraye et Kouroussa, etc. Les populations locales en tirent chaque année d'importants tonnages d'or. Le plus souvent, les plus grandes concentrations en or se forment autour des filons quartzeux aurifères à sulfures qui ont été exploités dans les temps anciens à Banora. La zone d'oxydation est plus puissante dans les filons quartzeux à sulfures, cependant, les placers éluviaux au-dessus des filons quartzeux aurifères sont de plus petites épaisseurs, mais représentant une source d'enrichissement de placers alluviaux en Or.

Le potentiel aurifère de la Guinée est considérable, et mérite de nos jours d'être mieux cerné pour être plus connu. Les efforts de recherches engagés sont à encourager. L'essentiel de l'or produit provient des gisements de types veines, d'altération et de placers. Pendant la période coloniale, près de 60 tonnes d'or y ont été extraites. Aujourd'hui l'exploitation artisanale à elle seule, donne plus de 7 tonnes d'or par an et totalise près de 40 tonnes d'or commercialisées à la Banque Centrale de notre pays au cours des dix dernières années. La production industrielle quant à elle est axée sur les gisements aurifères d'altération pour lesquels l'exploitation est jugée économiquement rentable. Il s'agit des gisements de Koro à Siguiri, Lero dans Dinguiraye. Les Sociétés qui sont installées (SAG et SMD) ont une production annuelle qui avoisine les 15 tonnes d'or.

Ces types de gisements supposés être très nombreux en Guinée méritent d'attirer toute notre attention et surtout celle des investisseurs miniers.

**Conditions d'exportation de l'Or en Guinée :**

Conformément à la réglementation en vigueur, l'exportation de la production s'effectue exclusivement par le biais de la Banque Centrale aux conditions administratives et financières bien déterminées. L'exportateur doit être régulièrement enregistré au registre du commerce de la République de Guinée ;

L'or doit obligatoirement passer par le laboratoire de la Banque Centrale de la République de Guinée (BCRG) pour titrage contre paiement de 50 GNF par gramme.

La quantité à exporter doit faire l'objet d'une déclaration régulière et formalisée auprès des services de Douane du pays ; les formalités administratives et douanières (correspondance de la BCRG au Directeur national de la Douane, déclaration, émission d'un bulletin de Liquidation et d'une quittance) doivent aboutir au paiement de la taxe à l'exportation qui est de 3 % de la valeur du lot à exporter suite à une évaluation de la BCRG ; les commissions de la BCRG pour réception, conservation et escorte jusqu'à l'aéroport de chaque cargaison sont de 500.000 GNF par opération ; en la matière, le client exportateur est libre de domicilier commercialement son opération à la BCRG ou dans toute autre banque de la place ; conformément à la réglementation des changes en vigueur, le client exportateur à l'obligation de rapatriement de la contrevaleur en devise de la quantité exportée dans un délai de 90 jours à compter de la date de l'expédition du lot. La destination du lot à exporter reste toujours à la discrétion de l'exportateur.

**Production de l'or en Guinée :**

Les activités industrielles sont exercées actuellement par la SAG et la SMD pour l'exploitation de l'or en Guinée, la Sémafo n'est pas en production depuis 2012 ; c'est la raison pour laquelle les données relatives à la production de Semafo dans le tableau ci-dessous ne sont pas disponibles pour les années 2013 et 2014. Aussi, il est pratiqué en Guinée l'exploitation semi-industrielle et artisanale concernant l'Or et le Diamant.

**Tableau n° 19 : production en Or de 2010 – 2014 par les sociétés : SAG, SMD et SEMAFO(en once)**

| Sociétés minières | 2010 | 2011 | 2012 | 2013 | 2014 |
|---|---|---|---|---|---|
| **SAG** | 317 653 | 297 556 | 291 190 | 315 563 | 353 119 |
| **SMD** | 196 498 | 195 693 | 172 228 | 160 024,397 | 195 214,897 |
| **SEMAFO** | 29 975 | 15 600 | 13 000 | - | - |
| **Total** | **544 126** | **508 849** | **476 418** | **475 587, 397** | **548 333,897** |

***Source*** *: Ministère des Mines et de la Géologie*

**Tableau n° 20 : Exploitation artisanale de l'Or pour la période 2010- 2014**

| Production artisanale de l'Or | | | |
|---|---|---|---|
| **Année** | **Gramme** | **Kilogramme** | **Once** |
| 2010 | 3 700 789 | 3700,789 | 118,977 |
| 2011 | 2 230 886 | 2230,886 | 71,7211 |
| 2012 | 852 621 | 852,621 | 27,4111 |
| 2013 | 5 775 841 | 5775,841 | 185,689 |
| 2014 | 7 144 355 | 7144,355 | 229,685 |

***Source :*** *Ministère des Mines et de la Géologie*

**Tableau n° 21 Exploitation industrielle, semi-industrielle et artisanale de l'Or pour l'année 2015**

| | |
|---|---|
| Exploitation industrielle (gramme) | 14 608 581 |
| Exploitation semi-industrielle (gramme) | 21 994 |
| Exploitation artisanale (gramme) | 2 469 268 |
| **Totale en gramme** | **17 099 843** |

***Source*** : *Ministère des Mines et de la Géologie*

L'analyse des tableaux ci-dessus montre que la SAG et la SMD ont produit ensemble 548 333,892 onces en 2014, tandis que la production avec la participation de Semafo a été de 476 418 onces en 2012. Cela veut dire que l'arrêt des activités de cette dernière n'a pas eu une influence sur la production industrielle de l'or pour la période 2013-2014. (Tableau 19)

L'exploitation artisanale a produit 229,685 onces en 2014 soit 7 144,335 kg ; on note qu'en 2015 la somme de la production industrielle, semi-industrielle et artisanale a donné 17 099 843 grammes d'or (tableau 21). Il ressort de cette analyse que l'exploitation artisanale de l'or rivalise celles de l'exploitation industrielle et semi-industrielle.

Il faut remarquer que la production de l'or issue de l'exploitation artisanale échappe au contrôle de l'Administration minière. Les données ainsi obtenues sont fournies par la Banque Centrale qui en assure l'exportation.

En Guinée, l'exploitation minière artisanale est bien développée et connue dans le pays depuis le moyen âge (Siguiri). Cette activité s'est accrue et concerne désormais non seulement l'Or, mais aussi le diamant.

**Activités d'exploitation du Diamant en Guinée :**

L'exploitation du diamant en Guinée remonte à plusieurs décennies à la suite de la découverte de diamants de joaillerie dans le sud-est du pays. Les nombreuses Sociétés étrangères qui se sont succédé ont produit en moyenne 100 000 carats par an de diamant essentiellement de joaillerie à partir des gisements alluvionnaires. Depuis l'accession du pays à l'indépendance, le Gouvernement a entrepris une campagne systématique de recherche du diamant. Ainsi en plus des nombreux gisements alluvionnaires, plusieurs pipes kimberlitiques ont été découvertes. Les deux principales provinces diamantifères se situent au sud-est et à l'ouest du pays.

**Province Sud/Sud-Est :**

C'est une vaste zone d'environ 50 000 km$^2$ comprenant les régions de Kissidougou, Macenta, Kérouané, Beyla et N'Zérékoré, avec comme principaux gisements Banankoro, Ourokoro, Fenariah, Kamarato, Bonodou et Dulapaya.

Dans cette province, on distingue deux types de gîtes :

– Les corps kimberlitiques généralement d'âge crétacé, se sont constitués dans le craton granitique sous forme de pipes et de dykes de dimensions et de consignations variées.

À ce jour, plus d'une dizaine de pipes de 0,5 à 3ha ont été répertoriées.

- Les gisements alluvionnaires sont liés aux terrasses plus ou moins larges avec des hauteurs moyennes de 4 m. Ils sont soit éluvio-alluvionnaires proches des roches-mères, riches et très riches en diamants, occupant les flancs des petites rivières sous un recouvrement sableux de 2 à 6 mètres ; soit alluvionnaires remaniés avec un gravier calibré et une meilleure répartition du diamant.

**Province de l'ouest :**

Elle concerne une bande qui remonte le bassin de la Kolenté à Forécariah jusqu'à Mali le long des hauts plateaux gréseux du Fouta-Djallon. Cette province encore peu connue fera l'objet d'études géologiques approfondies. On estime que les réserves en diamants de Guinée sont de l'ordre de 400 millions de carats, dont 70 % en joaillerie.

**Exploitation industrielle, semi-industrielle et artisanale du Diamant**

Le diamant est de nos jours extrait dans notre pays à travers une exploitation industrielle, semi-industrielle et artisanale (voir tableau n° 22)

**Tableau n° 22 : Exploitation industrielle, semi-industrielle et artisanale du Diamant Année 2014-2015**

| **Année 2014** | | | |
|---|---|---|---|
| Exploitation | Quantités, carats | Valeurs (USD) | Prix moyen (USD/carat) |
| Industrielle | 5 283,41 | 1 918 214,50 | 363,06 |
| Semi-industrielle | 1 316,21 | 216 735,20 | 164,67 |
| Artisanale | 153 871,80 | 25 667 996,84 | 169,59 |
| **Total** | **160 471,42** | **27 802 946,56** | **176,59** |

| Année 2015 | | | |
|---|---|---|---|
| Industrielle | 5 457,07 | 1 624 292,39 | 334,37 |
| Semi-industrielle | 5 587,64 | 663 501,73 | 108,76 |
| Artisanale | 120 050,25 | 14 276 512,02 | 403,23 |
| **Total** | **131 094,96** | **16 554 306,14** | **846,36** |

***Source :*** *BNE*

Dans ce tableau, la quantité de diamants produite est de 131 094,96 carats en 2015, contre 160 471,41 carats en 2014 ; cette production est plus élevée en 2014 qu'en 2015 (tableau 22).

**NB** : l'exploitation industrielle du diamant est effectuée par la société Guiter Mining dans toute la zone et les autres évoluent dans l'exploitation artisanale et semi-industrielle.

En conclusion, cette démarche a permis d'avoir une meilleure lecture sur le niveau de participation des sociétés engagées dans les activités d'exploitation des ressources minières du pays.

Les sociétés identifiées dans ce processus sont reconnues sur la base des données chiffrées de leur production, comme étant les acteurs incontournables du secteur minier.

C'est dire qu'elles participent effectivement à date à la production, à l'exportation de nos ressources et s'acquittent régulièrement des revenus liés à leurs activités.

Les Sociétés retenues sont la CBG ; la CBK ; la SMB ; la SAG ; la SMD ; Guiter Mining et autres (évoluant dans l'artisanat).

**Exploitation des matériaux de construction :**

L'exploitation des carrières est autorisée par l'Administration minière sous l'autorité de la Direction nationale des Mines.

Cette activité est pratiquée dans tout le pays ; elle concerne l'extraction des granites, du sable, et du gravier, etc. Ces matériaux sont utilisés dans la construction des bâtiments, des ponts et chaussées ; ils peuvent aussi être utilisés dans les industries.

Selon l'ITIE, les intervenants dans l'extraction des carrières n'ont été identifiés, qu'à travers les flux de paiement reportés unilatéralement par la DNM, au titre des revenus perçus des sociétés de carrières, s'élevant à un montant de 7 688 642 554 GNF dont le détail par société se présente dans le tableau suivant

Les revenus tirés de l'exploitation artisanale de l'or, du diamant sont consignés dans les tableaux précédents (20 ; 21 ; 22)

**Tableau n° 23 : Sociétés exploitant les matériaux de construction**

| Société | Préfecture | Montant en GNF |
|---|---|---|
| SOMAG | COYAH | 3 035 263 970 |
| SETRAG | COYAH | 408 372 682 |
| SOFAMAC | COYAH | 63 722 246 |
| ZAIN ET ZAMIL | COYAH | 56 392 192 |
| SCETCHCG | COYAH | 258 559 182 |
| OGEC | DUBREKA | 44 617 881 |
| ALAME | DUBREKA | 3 195 904 394 |
| SCTCHCG | DUBREKA | 514 585 875 |
| DAHER | DUBREKA | 111 224 132 |
| **TOTAL** | | **7 688 642 554** |

***Source :*** *ITIE 2012*

# CHAPITRE V

## REVENUS TIRÉS DES RESSOURCES MINIÈRES

Les revenus tirés du Secteur minier sont considérés comme étant le résultat obtenu en terme financier du mécanisme de gestion des exploitations minières.

Ce mécanisme se caractérise par la somme des efforts consentis par l'Administration minière pour avoir créé les meilleures conditions de réussite des sociétés et projets en développement à travers une politique minière rassurante.

L'obtention des revenus n'est possible que suite à une gestion rigoureuse des ressources aboutissant à une activité productive dont les produits sont destinés à être exportés et commercialisés.

De tels revenus générés représentent un énorme potentiel de croissance, et de développement qui sont souvent inexploités. Les montants perçus prennent souvent des destinations entourées de mystères. Le total des revenus provenant des industries extractives est perçu par l'État.

C'est la raison pour laquelle l'ITIE, dont notre pays est membre, exige aux sociétés de communiquer les paiements qu'elles effectuent à l'État, et à l'État de communiquer les montants perçus de la part des sociétés.

La deuxième exigence veut qu'un administrateur indépendant rapproche ces chiffres sous la supervision et la direction d'un multi-actionnaire.

Le but est de renforcer les efforts de surveillance et de supervision budgétaire, d'améliorer la bonne gouvernance et la situation des revenus du pays.

Ainsi on est rassuré que les revenus générés par les ressources sont utilisés pour le bien public, en rendant notre pays crédible en matière de transparence et de bonne gouvernance.

On note que les conditions citées plus haut ne sont réunies que pour les revenus perçus en 2012 dont les résultats ont été publiés par l'ITIE. La totalité des revenus provenant du secteur des industries extractives perçue par l'État au titre de l'année 2012, qui après ajustement, s'élève à **2 638 893 405 397 GNF** et se détaille dans les tableaux ci-dessous. Sont concernés les revenus perçus par l'État ; les revenus par activité minière et payés par société ; autres paiements déclarés par les sociétés par espèce ou en nature aux Préfectures ; les paiements effectués auprès d'autres comptoirs d'Or et diamant ; des droits fixes au CPDM et au FIM ; et des paiements pour les projets sociaux.

**Tableau n° 24 : revenus perçus par l'État**

| Nature | Montant en GNF | Montant en US $ |
|---|---|---|
| Flux de paiements conciliés déclarés par les régies financières | 2 559 496 584 320 | 368 561 800 |
| Flux de paiements déclarés unilatéralement par les sociétés | 59 226 376 792 | 8 528 466 |
| Flux de paiement déclarés unilatéralement par les administrations | 20 170 444 285 | 2 904 499 |
| **Total** | **2 638 893 405 397** | **379 994 765** |

***Source :** ITIE*

**Tableau n° 25 : revenus par activité minière**

| Minerais | Revenus de l'État (GNF) | % du totale des revenus |
|---|---|---|
| Bauxite | 1 226 373 231 246 | 46,5 % |
| Or | 1 095 764 731 333 | 42,5 % |
| Fer | 302 372 244 783 | 11,4 % |
| Carrières | 7 688 642 554 | 0, 3 % |
| Diamant | 6 694 555 481 | 0,3 % |
| **Total** | **2 638 893 405 397** | **100 %** |

***Source :** ITIE*

**Tableau n° 26 : montant des revenus payés par société**

| Sociétés | Revenus de l'État (GNF) | % revenus |
|---|---|---|
| CBG | 1 174 815 173 490 | 45 % |
| SAG | 747 735 478 156 | 28 % |
| SMD | 317 459 060 473 | 12 % |
| BSGR | 105 141 085 521 | 4 % |
| SMFG | 76 118 932 754 | 3 % |
| BELLZONE | 56 990 883 532 | 2 % |
| Autres sociétés | 160 632 791 471 | 6 % |
| **TOTAL** | **2 638 893 405 397** | **100 %** |

***Source*** *: ITIE*

**Tableau n° 27 : revenus perçus par l'Administration publique**

| Administrations | Revenus de l'État (GNF) | % du total revenu |
|---|---|---|
| DNI | 1 281 060 011 980 | 49 % |
| DNTCP | 672 308 071 355 | 25 % |
| DGD | 503 402 281 672 | 19 % |
| CPDM | 65 085 640 532 | 2 % |
| Préfectures | 48 131 474 799 | 2 % |
| Autres administrations | 68 905 925 059 | 3 % |
| **TOTAL** | **2 638 893 405 397** | **100 %** |

***Source :*** *ITIE*

Le flux de paiements déclarés unilatéralement par les sociétés au cours de l'année 2012 s'élève à : **59 226 376 792 GNF** détaillés comme suit :

**Tableau n° 28 : autres paiements déclarés unilatéralement par les sociétés**

| Entités | Montant avant correction en GNF | Corrections en GNF | Montant final en GNF |
|---|---|---|---|
| BSGR | 5 825 653 235 | - | 5 825 653 235 |
| RUSAL FRIGUIA | 4 802 226 041 | - | 4 802 226 041 |
| CBK | 467 022 717 | - | 467 022 717 |
| DELTA LOG | 14 645 114 | (14 645 114) | - |
| **TOTAL** | **11 109 547 107** | **(14 645 114)** | **11 094 901 990** |

**Tableau n° 29 : paiement en nature par les sociétés**

| Sociétés | Description du flux | Administration perceptrice | Montant en GNF |
|---|---|---|---|
| BSGR | Taxes et redevances | Ministère de l'Environnement | 4 939 263 728 |
| BSGR | Frais de contrôle d'échantillon de fer | DNM | 237 500 000 |
| BSGR | Droit de mutation des Immeubles | DNM | 648 889 507 |
| RUSAL FRIGUIA | Taxes et redevances | Ministère de l'Environnement | 4 051 298 111 |
| RUSAL FRIGUIA | Taxes à l'importation des produits | NC | 750 927 930 |
| CBK | Taxes et redevances | Ministère de l'Environnement | 467 022 717 |

**Tableau n° 30 : paiements effectués par les sociétés aux préfectures**

| Entités | Redevances superficiaires (carrière) | Taxe sur le chiffre d'Affaires-TCA | Contribution au développement local (prévues par les conventions) | Total |
|---|---|---|---|---|
| SAG | 63 228 155 | - | 25 635 982 947 | 25 699 211 102 |
| SMD | - | 14 131 358 856 | | 14 131 358 856 |
| CBK | 119 088 499 | - | 3 869 059 492 | 3 988 147 991 |
| BSGR | 1 075 200 476 | - | - | 1 075 200 476 |
| AMC | 763 314 000 | - | - | 763 314 000 |
| RUSAL FRIGUIA | 744 582 393 | - | - | 744 582 393 |
| C.D.M-chine | 500 021 529 | - | - | 500 021 529 |
| SIMFER | 380 713 325 | - | - | 380 713 325 |
| ALUFER | 101 942 595 | - | 264 056 333 | 365 998 928 |
| SMFG | 248 495 899 | - | - | 248 495 899 |

| | | | | |
|---|---|---|---|---|
| BELLZONE | 187 506 120 | - | - | 187 506 120 |
| WEGA | 29 244 180 | - | - | 29 244 180 |
| GUITER MINING | 17 680 000 | - | - | 17 680 000 |
| **Total** | **4 231 017 171** | **14 131 358 856** | **29 769 098 772** | **48 131 474 799** |

***Source :*** *ITIE*

**Tableau n° 31 : revenus encaissés auprès d'autres comptoirs d'or et de diamant**

| Administration | Flux de paiement | Montant en GNF |
|---|---|---|
| BCRG | Redevance de la BCRG sur les expéditions de l'or | 545 847 500 |
| BCRG | Taxe à l'exportation sur la production artisanale et industrielle (or) | 2 984 025 514 |
| BNE | Taxe à l'exportation sur la production artisanale et industrielle (Diamant) | 1 311 395 369 |
| BNE | Redevances sur acheteurs, collecteur et comptoirs d'or | 2 325 000 000 |
| BNE | Redevances sur acheteurs, collecteur et comptoirs du Diamant et autres gemmes | 1 655 940 998 |
| **Total** | | **8 822 209 381** |

***Source :*** *ITIE*

**Tableau n° 32 : paiements sociaux**

| **Entités** | **Projets sociaux (en GNF)** |
|---|---|
| CBG | 6 847 614 690 |
| SAG | 7 793 020 346 |
| SMD | 220 481 000 |
| SEMAFO | 1 284 352 677 |
| CBK | 766 480 528 |
| BSGR | 2 869 885 410 |
| **Total** | **19 781 834 651** |

**NB :** les transferts effectués par les services de la Direction Nationale des Mines, au titre des taxes sur les carrières, au profit des préfectures s'élèvent à **3 844 321 277. GNF** ; le montant alloué par préfecture ou par CRD n'a pas été communiqué.

Les transferts des montants au titre des taxes sur les carrières par la Direction nationale des Mines au profit des Fonds d'Investissement miniers s'élèvent à **2 306 592 767 GNF**

**Tableau n° 33 : Montant des droits fixes transférés par le CPDM au profit du FIM**

| **Sociétés** | **Montant en GNF** |
|---|---|
| BELLZONE | 14 473 529 898 |
| GDC | 5 029 325 210 |
| ALUFER | 12 653 116 |
| **TOTAL** | **19 515 508 224** |

Les montants transférés par la Direction Nationale du Trésor et de la Comptabilité Publique (DNTCP) au profit du Fonds d'Investissement minier (FIM) au titre des loyers sur les infrastructures minières s'élèvent à **2 823 388 175 GNF**

# CHAPITRE VI

## TENDANCE DU SECTEUR MINIER

Les investigations faites sur la gestion, l'exploitation et les revenus tirés des ressources ont permis d'avoir une lecture réaliste du secteur minier. Les résultats ainsi obtenus annoncent pour le secteur une tendance qui n'est pas très rassurante dans la globalité. C'est la raison pour laquelle il est opportun de partager avec tous les acteurs intéressés aux activités minières, les analyses et suggestions profitables au développement rationnel des ressources. Le but étant de contribuer à faire de la Guinée une référence dans les filières de la bauxite, de l'alumine, du fer, de l'Or et celle du diamant ; prouver que le pays est à même de combler le retard pris en renforçant la position là où les activités productives sont significatives. On note que la recherche géologique ne s'y pratique pas depuis plusieurs décennies et la Direction Nationale de la Géologie ne pouvait pas faire face aux obligations suite à un manque d'équipements et de moyens financiers.

Le rôle joué par cette Direction en amont consiste à mettre à la disposition du pays le potentiel minier destiné à l'exploitation et à la commercialisation des produits générateurs des revenus. Les résultats obtenus de la gestion du cadastre minier révèlent dans certains cas, des acquis positifs. On a identifié l'existence de 8 projets miniers détenteurs de permis d'exploitation qui sont supposés être en production pour ainsi conclure la procédure de leur développement. Les 11 conventions dûment signées avec l'État guinéen pour lesquelles les règles du jeu sont définies et connues à l'avance traînent les pas pour leur mise en œuvre.

Le déblocage de ces projets et conventions miniers est nécessaire et utile dans le cadre du renforcement des capacités du pays à produire plus, à diversifier les activités en vue d'engranger plus de revenus.

La production de la bauxite est effectuée dans le pays par les sociétés CBG, CBK et SMB ; l'exploitation industrielle de l'or est assurée par les sociétés SMD et SAG, et l'exploitation industrielle du diamant intéresse la société Guiter-Mining.

On retiendra que l'artisanat minier se pratique dans tout le pays, il ne bénéficie pas de l'appui nécessaire de l'Administration minière en charge du suivi et du contrôle de cette activité, par manque de moyens logistiques et financiers. L'ensemble des activités minières au regard des investigations effectuées se caractérise par les faits suivants :

**L'immobilisme du secteur :**

Ce phénomène est constaté au niveau de la recherche géologique, des géo services et du laboratoire national qui ne sont pas opérationnels. Cette situation a permis aux sociétés étrangères de s'installer et d'effectuer les travaux d'exploration en lieu et place des Services techniques totalement absents sur le terrain. Nombreux sont les projets titulaires des permis de recherches qui demandent l'appui de ces sociétés étrangères dans la recherche de l'Or et la prospection de la bauxite à diverses phases de l'évaluation des substances minérales. Le manque de laboratoire d'analyse d'échantillons renforce leurs activités au détriment de nos Services techniques d'exploration. Il est urgent de trouver une issue à cette périlleuse situation constituant une perte énorme en terme financier pour le pays et surtout un abandon d'une partie de la gestion de ce patrimoine minier. Le Département des Mines et de la Géologie est interpelé sur cette question d'intérêts qui peut être évoquée et favorablement examinée par le biais de la coopération bilatérale ou avec des partenaires évoluant dans le secteur.

La mise en place d'une telle stratégie a pour rôle de relancer les travaux de recherche et d'exploration pour une meilleure connaissance géologique du territoire. Une telle opportunité favorisera la formation de techniciens et de cadres guinéens, et facilitera les échanges d'expériences dans tous les domaines de l'exploitation et de la collecte des données géologiques. La construction d'un laboratoire de référence peut être envisagée aussi dans le pays.

**Producteur de matières premières :**

Les activités minières dans notre pays sont caractérisées par une production extractive destinée à l'exportation pour les industries de transformation.

La Guinée produit de la bauxite, de l'Or, du diamant et de matériaux de construction ; elle ne dispose pas à date d'une raffinerie pour la transformation de la bauxite en alumine ; l'or et le diamant sont souvent exportés et commercialisés à l'état brut. Grâce à une joint-venture avec la Compagnie des Bauxites de Guinée (CBG), le géant de l'aluminium Alcoa détient l'exclusivité des droits d'exploitation des mines de Guinée, dont 85 % de la production est donc destinée à la production de l'aluminium ; il faut environ 4 tonnes de bauxites pour fabriquer une tonne d'Aluminium. La Guinée à date n'est que le cinquième producteur mondial, mais elle dispose du plus gros potentiel, puisque ses sous-sols renfermeraient 25 milliards de tonnes de bauxites, soit la moitié des réserves mondiales, selon le Département d'État américain. Potentiel d'autant plus intéressant que la bauxite guinéenne est facilement exploitable (la plupart des mines sont à ciel ouvert et très riche en alumine). Aujourd'hui, ce minéral assure 80 % des échanges commerciaux de la Guinée, mais les mines ont été entièrement confiées au secteur privé dans les années 1990. À l'époque de la Première République, les mines de bauxite rapportaient à l'État actionnaire entre 300 et 500 millions de dollars par an, selon un spécialiste de la filière. Les contrats miniers représenteraient à date plus que 120 millions de dollars de recettes.

**Production de l'aluminium**

La production mondiale de l'aluminium représente 1 380 kilos par seconde soit 43,5 millions de tonnes par an (2011). Au rythme de la consommation actuelle d'Aluminium, il reste 130 années de réserve de bauxite qui est une ressource non renouvelable, il y a un stock de 25 milliards de tonnes de bauxite sur terre.

La Chine est le premier producteur mondial de l'Alumine plus de 40 % devant la Russie (9,3 %) et le Canada (7,1 %).

L'aluminium représente un très important secteur industriel, il est le plus consommé après le fer et présente l'avantage de pouvoir être recyclé presque indéfiniment, ce qui est important pour la protection de l'environnement. Le groupe Alcoa publie régulièrement ses pronostics sur la demande d'aluminium dans le monde ; production d'aluminium autour de 80 millions de tonnes vers 2020, cela correspondrait à une croissance annuelle moyenne des consommations de 6,7 % entre 2011 et 2020 et un doublement de la demande d'ici 2020, soit la même tendance que ces dernières années (FIG). Cette demande pour l'aluminium sera tirée par la confection de turbines électriques performantes, la consommation croissante dans l'aéronautique, le nécessaire allègement des voitures et des poids lourds, l'urbanisation de l'Asie et de la substitution du cuivre par l'aluminium dans les câbles électriques.

**Besoin de raffineries d'alumine en Guinée**

La CBG exploite les riches plateaux de bauxite en Guinée depuis 1973, dans une région où la teneur en alumine était environ de 65 % avec une teneur de coupure de 45 %. La teneur en alumine rencontrée dans cette zone est inférieure de nos jours, à 53 % c'est-à-dire un peu au-dessus de la teneur de coupure pratiquée. Cette situation doit attirer l'attention de notre partenaire Alcoa afin qu'il accepte d'accompagner la Guinée pour la construction d'une raffinerie d'alumine dans le strict respect de la convention de base de la CBG, surtout de vouloir se positionner par rapport à l'avènement de la centrale hydro-électrique de Souapiti en cours de réalisation.

**Amélioration des revenus du secteur minier**

Le travail effectué par l'ITIE en 2012, dans le cadre de la conciliation des flux de paiements perçus par l'État, a fait des recommandations pour l'amélioration des recettes du secteur minier dans le but de sécuriser cette gestion. L'essentiel de ces recommandations se résume en ces termes :

**Besoin de sécurisation des revenus :**

L'absence de suivi des sociétés dans lesquels l'État détient une participation ne permet pas d'assurer un contrôle rigoureux, ceci peut être à l'origine d'un manque à gagner pour l'État, à la suite de non-versement des dividendes.

C'est pourquoi il a été demandé d'instaurer un suivi coordonné pour ces participations dans l'objectif de préserver les revenus de l'État.

Au niveau de la Direction Nationale des Impôts (DNI) et de la Direction Générale de la Douane (DGD), il a été signalé l'existence de plusieurs sociétés minières disposant de titres miniers en cours de validité et non immatriculées à la DNI ; de même l'absence de coordination entre le Ministère des Mines et les différentes régies financières collectrices de taxes. Une absence d'un système d'informatique au sein du trésor public et du Bureau National d'Expertise (BNE) a été relevée pour les recettes minières et le même constat a été fait au CPDM pour lesquels il a été demandé de se mettre à jour, afin de s'assurer que toutes les sociétés ayant des titres miniers soient immatriculées au sein desdites régies.

**Anomalies constatées**

Le montant total perçu par l'État en termes de revenus en 2012 est de 375,7 millions de dollars américains. Ce chiffre ne reflète pas la valeur réelle du montant récupéré à cause de nombreuses anomalies constatées au niveau du mécanisme de perception des revenus. Cette baisse annoncée se caractérise aussi par la variation du prix des matières premières sur le marché mondial causant souvent des fluctuations difficiles à gérer dans les pays.

Une baisse prévisible des revenus relativement faibles est annoncée pour cause d'arrêt de productions des Sociétés Friguia /Rusal, Sémafo et GDC, par le ralentissement des activités de Rio Tinto et Bellzone, par suite de rupture de contrat intervenue entre la société BSGR et l'État guinéen. Cette situation pourrait impacter le niveau de contribution de ces projets et sociétés au profit des communautés environnantes.

# CHAPITRE VII

## PROBLÉMATIQUE LIÉE AU DÉVELOPPEMENT DES PROJETS ET CONVENTIONS MINIERS

La problématique se prête à plusieurs interprétations, elle explique dans certains cas une ambiguïté dans la compréhension des sujets évoqués, et ressort des équivoques qui méritent d'être élucidées, afin d'apporter des solutions justes et appropriées au fonctionnement du secteur. Au niveau de la réflexion, la problématique est synonyme de quelques choses d'aléatoires, confus et même douteux ; c'est dire que la présente doit être abordée sous l'optique d'un diagnostic devant aboutir à la levée de toute équivoque et de toutes les confusions à propos des projets et conventions miniers.

L'objectif visé est de rechercher et d'imprimer au secteur une nouvelle dynamique, lui permettant de jouer un rôle efficace en tenant compte de la concurrence et de la compétitivité liée au développement. La Guinée est un pays qui se cherche, le Secteur minier tarde à se développer et manque surtout des infrastructures de base pour la transformation des immenses richesses. La majeure partie du potentiel minier se trouve à l'intérieur du pays complètement enclavée, avec un besoin crucial de moyens d'évacuation des minerais. Le pays manque également des moyens financiers, ce qui n'a pas rendu possible la construction des infrastructures nécessaires pour un développement attendu.

Le PIB de la Guinée est de 6 milliards de dollars, tandis que les besoins de l'industrialisation du secteur minier sont estimés à quelques dizaines de milliards de dollars ; cette situation constitue un handicap majeur pour atteindre les objectifs visés. L'avenir du secteur minier relève de la bonne gestion des ressources minérales et énergétiques dont les niveaux d'évaluation et de mise en valeur sont relativement faibles. Ainsi les politiques minières mises en œuvre jusqu'à présent, les différentes réformes institutionnelles, juridiques et fiscales n'ont pas abouti aux résultats escomptés sur l'économie nationale.

C'est la raison pour laquelle il est souhaitable que notre politique minière soit améliorée et qu'elle vise essentiellement à corriger les erreurs du passé, stimuler les investissements, les efforts de recherche et accroître la production en envisageant la transformation sur place des minerais extraits, pour optimiser les revenus miniers et leur impact socio-économique et environnemental dans le pays. Les principaux acteurs impliqués pour la réussite d'un véritable programme de développement du pays sont en première ligne : le Ministre des Mines et de la Géologie, le Cabinet, les Services techniques du Département et en deuxième ligne les Partenaires intéressés à l'exploitation minière. Une action concertée des acteurs conduira les ressources vers un développement profitable à toutes les parties et permettra ainsi une mise en œuvre des projets porteurs de croissance à notre économie pour le bien-être des populations. L'outil de travail, servant de boussole pour toutes les parties est le Code Minier qui est et demeure la loi minière dont l'application correcte facilitera des avancées significatives et équilibrées du cadastre minier. Le pays a connu trois Codes miniers qui se sont succédé à celui de la période coloniale, à savoir les Codes de 1986, 1995 et celui de 2011. L'application de ces Codes ne souffre d'aucune ambiguïté pour des autorisations de reconnaissance et les permis de recherches ; cependant il y a lieu de relever au compte des Conventions signées avec l'État guinéen, quelques divergences de point de vue. Ce constat est fait au niveau des anciennes Conventions qui ont été signées en leur temps, promulguées, ratifiées et exécutées comme Loi de l'État guinéen.

**Code minier de 1995 :** ce Code minier, très attractif pour les investisseurs a permis l'arrivée et l'installation en Guinée des sociétés de grande renommée internationale comme Rio-Tinto, PH Billiton, Vale, etc.

Ces grandes sociétés se sont intéressées aux mégaprojets qui malgré leur présence, depuis des décennies, tardent à se développer.

La raison est très simple, elles ont signé des conventions et obtenu les concessions minières sans effectuer les études de faisabilité qui s'avèrent pourtant indispensables pour la connaissance du coût des projets, les paramètres technico-économiques, le taux de rentabilité interne, le temps mis pour le retour des investissements et surtout le niveau de participation de l'État, les retombées économiques, l'impact en terme de revenus et d'emplois en direction des communautés.

Ce qui fait que les fabuleuses ressources en question connaissent aujourd'hui un gel, tandis que les partenaires demeurent imperturbables, en leur possession une convention promulguée, ratifiée et exécutée comme Loi de l'État. Les conventions signées en 1995 confèrent à l'État une participation de 15 % contre 49 % pour le Code de 1986.

**Code minier 2011 :** cette loi, à peine promulguée et ratifiée, s'est heurtée à des difficultés d'application sur les taxes minières et autres, à cause de la baisse constatée du prix des matières premières ; elle a été reprise et adaptée aux réalités du marché. Il faut faire remarquer que presque tous les mégaprojets ont bénéficié des avantages du Code minier de 1995 et l'État Guinéen, partenaire de ces sociétés, éprouve d'énormes difficultés à faire appliquer le code de 2011 aux anciennes conventions, c'est-à-dire celles signées en 1995. Pour ces investisseurs la loi n'est pas rétroactive, c'est pourquoi on retrouve aujourd'hui, trois niveaux de fiscalité qui correspondent aux codes de 1986, 1995 et de 2011.

Pour résoudre ces différends, il est souhaitable que les partenaires se retrouvent sur la table de négociation ou au niveau des instances de décisions pour les sociétés ayant un conseil d'Administration. Le Comité de Revue des Titres et Conventions miniers ayant une vocation judiciaire n'est pas à même de régler les problèmes des sociétés dans les délais souhaités.

Aussi il existe une confusion autour des projets miniers et les sociétés minières ; c'est ainsi que l'attribution du terme société aux projets bénéficiant d'un permis de recherche se confond généralement aux sociétés titulaires d'une convention signée avec l'État qui évoluent dans une concession minière octroyée à cet effet.

**Projets miniers :** ce sont les sociétés légalement constituées, ayant satisfait toutes les obligations relatives à l'obtention d'un titre minier.

Cette notion de projets miniers est utilisée dans un sens large ne permettant pas de distinguer les sociétés titulaires des permis de recherches et celles liées à l'État par une convention.

Le permis de recherche donne le droit d'effectuer les travaux d'investigations dans les limites des coordonnées géographiques en vue d'établir l'existence dans un territoire donné, d'une substance économiquement exploitable. Ainsi l'ensemble des activités de recherches, conformément au code en vigueur doit aboutir à la faisabilité économique du projet, puis à l'obtention d'un permis d'exploitation. Au 31 décembre 2015 seulement dix sociétés sont titulaires d'un permis d'exploitation, ce qui leur donne le droit d'aller en phase de production dans les conditions normales. Cette situation annonce l'existence de possibles difficultés liées au développement de ces projets qui méritent d'être corrigées pour le bien de l'économie nationale.

**Conventions minières :** il existe à ce niveau deux formes de conventions : celles signées avec l'État suite à l'obtention d'un permis d'exploitation et les conventions signées dans le cas des mégaprojets bénéficiant d'une concession minière, à l'effet de faciliter pour ces sociétés l'acquisition des fonds nécessaires pour le financement de leurs projets. On peut citer dans ce groupe les sociétés Rio Tinto, COBAD, Bellezone, etc., dont les conventions sont tributaires du Code minier de 1995.

Par exemple, la SBDT est titulaire d'une convention et d'une concession, suite à un permis d'exploitation. Elle est dirigée par un conseil d'administration, et ne peut être considérée comme un projet minier ; elle constitue un cas particulier évoluant avec un statut d'une société minière dont les instances de décisions sont le Conseil d'Administration et l'Assemblée générale des actionnaires.

Le président de ces institutions est le ministre des Mines et de la Géologie de la République de Guinée et la vice-présidence est assurée par le vice-ministre de l'Industrie, des Mines et du Commerce de la République Islamique d'Iran, PDG de la Société IMIDRO, Actionnaire de la SBDT.

En 2010 toutes les conditions financières et techniques étaient réunies pour la réalisation de ce mégaprojet en trois ans ; les travaux de construction entièrement préfinancés ; ce fut une opportunité manquée pour la Guinée.

L'examen de la structure des permis en République de Guinée pendant les années 2011 et 2012 fait apparaître l'existence de 1529 permis délivrés pendant la période de 2008 à 2011 (KPMG/juin 2012). Ce nombre jugé énorme a donné surement des difficultés de gestion à l'Administration.

Au 31 décembre 2015, le Cadastre minier comptait 379 permis et tout dernièrement 147 permis ont été retirés.

C'est dire que des progrès sont enregistrés au niveau du cadastre et des dispositions ont été prises par les Autorités en vue d'assurer à ce dernier un suivi des projets de recherche dans le pays.

Le problème réel du secteur minier réside dans le fait qu'il n'arrive pas à évoluer ; certainement, il est confronté à des difficultés de développement que l'Administration doit chercher à comprendre et proposer des solutions pour sortir le pays dans cette situation de blocage.

La Guinée connaît un retard considérable par rapport aux pays de la sous-région qui ont pris une avance dans la mise en place de plus d'une dizaine de mines d'or au Burkina et au Mali, tandis que la Guinée n'en détient que deux avec toutes les opportunités offertes par les ressources du pays.

**Apports des Projets miniers et des Mégaprojets :**

Il est possible de créer des emplois et de la richesse en Guinée en saisissant toutes les possibilités qui s'offrent au pays et en utilisant notre génie créateur pour sortir de cette situation de pauvreté, à partir des mégaprojets, des permis miniers de recherches et autres.

**Les Permis miniers de Recherche :**

Ces permis seront d'un apport non négligeable en termes d'emplois et de revenus pour les communautés environnantes.

Par exemple, un échantillon de 300 permis faciliterait la mobilisation d'un minimum de 300 millions de dollars en investissement, à raison de 1 million de dollars par permis octroyé. Ces montants sont indicatifs et peuvent augmenter dans le temps. Les emplois qui découleront de leur développement ne seront pas négligeables sur 3 ans en fonction de la durée des projets et de leur taille. Par exemple, un recrutement de 10 travailleurs par permis peut offrir 3000 emplois, ceci étant très important pour résorber le chômage dans le pays.

**Les Mégaprojets :**

Le mérite de ces projets est d'être en phase de développement très avancée avec les délais de réalisation n'excédant pas les 5 ans.

En ce qui concerne les sociétés évoluant dans la bauxite, la production envisagée dans le cadre de leur développement peut atteindre dans l'ensemble 20 à 30 millions de tonnes par an, c'est dire que la commercialisation de la production de ces sociétés ajoutée à celle de la CBG et GAC pourrait atteindre environ 40 millions de tonnes, et même plus à l'horizon 2022 ; ces données sont indicatives et permettent de conforter l'idée sur une possible amélioration de revenus miniers et de manière progressive, parvenir à maîtriser le marché de la bauxite en contrôlant l'offre et la demande.

L'ambition de la Guinée est de passer à la transformation progressive de la bauxite à l'alumine, puis à l'aluminium ; augmenter le nombre de mines en exploitation à une cadence d'une mine pour chaque 3 à 4 ans et en les diversifiant dans le pays.

Il est important de mentionner qu'à date, les investissements faits dans le Secteur minier sont très insuffisants pour assurer au pays un développement tant souhaité.

Pour cela l'ensemble des pratiques, des lois, des règlements et accords concernant l'exploitation, l'utilisation, la conservation et le commerce des produits miniers, devraient être qualifiés.

Des mesures incitatrices et relatives aux assiettes fiscales et douanières existent certes, mais méritent aussi d'être mieux définies en relation avec la nature des minerais, les étapes d'évolution des projets, et la rentabilité de ces derniers.

L'exemple de la bauxite du nord-ouest du pays est édifiant ; cette bauxite est différente de celle de la partie centrale en composition minéralogique ; elles n'ont pas les mêmes teneurs ; leurs valeurs industrielles et leurs positions par rapport au port d'évacuation font que les deux bauxites ne peuvent être taxées de la même manière. Un recours à la flexibilité est nécessaire pour résoudre ces petits problèmes qui sont souvent considérés par les partenaires. Les investisseurs évoluant à l'intérieur du pays sont à encourager en leur accordant certaines facilités pouvant concourir à la diminution des coûts d'exploitations minières. La promotion des activités minières doit se poursuivre et contribuer à faire connaître le Secteur minier guinéen dans le but d'orienter vers le pays des investisseurs potentiels pour la mise en valeur des ressources minérales.

**Valorisation des acquis :**

Le Code Minier Guinéen donne le droit à l'administration de veiller strictement à l'application des procédures en vigueur pour l'octroi et le retrait des titres ; cependant, un retrait des permis du cadastre peut être interprété différemment.

C'est pourquoi en cas de retrait, il nous revient de constater que la somme des investissements consentit par ces projets au compte de la recherche, peut se chiffrer à des centaines de millions de dollars, et pourrait en conséquence impacter négativement les communautés environnantes en terme d'emplois, financier et de contribution au développement local. La présence de ces investisseurs est rassurante pour le Secteur minier et constitue un acquis qui mérite d'être valorisé, en leur donnant tous les appuis nécessaires pour la réussite de leurs activités ou au besoin créer des stratégies favorables, en les associant à d'autres investisseurs, dans le souci de partager leur préoccupation et de maintenir un climat de bonne collaboration. Le Secteur minier a besoin des investisseurs crédibles au service de son développement, il doit se mettre à l'abri des erreurs du passé qui ont conduit de nombreuses sociétés à quitter la Guinée, à s'installer au Mali et au Burkina où elles ont réussi des exploits considérables. La valorisation des acquis concerne également les investisseurs intéressés aux métaux de base, à l'uranium et les mégaprojets rencontrant des difficultés pour leur mise en œuvre méritent d'être accompagnés par l'Autorité en leur accordant certains avantages liés à l'activité.

Il y a lieu de s'interroger sur la situation actuelle des mégaprojets en phase très avancée de développement, qui à travers les conventions signées avec l'État, se sont engagé à produire la bauxite pour des fins d'exportation, la transformation de celle-ci en alumine et en aluminium (SBDT, COBAD, GAC, Alufer), auxquels s'ajoutent les sociétés Rio Tinto, Bellezone, etc. évoluant dans la filière du fer.

Ce sont ces sociétés minières qui sont susceptibles d'être en production dans des délais très proches ; la connaissance de leur niveau d'évolution peut faciliter la prise des décisions en faveur de leur développement très attendue dans le pays.

**Mines à petite à échelle**

Cette activité constitue un cas spécifique qui mérite d'être pris en considération, car elle est une des préoccupations majeures des populations rurales, il s'agit d'une activité ancestrale qui prend une véritable extension et occupe un nombre important de femmes, d'hommes et d'enfants à l'extraction de l'or et du diamant.

Ce secteur s'élargit aujourd'hui à l'exploitation des matériaux de construction (sables, graviers et concassage de granites) et peut être considéré comme un des éléments de la stratégie globale du Ministère des Mines et de la Géologie visant la lutte contre la pauvreté.

Une analyse des activités minières permet de constater l'importance de l'exploitation artisanale et son impact sur l'économie nationale. Cette activité rivalise l'exploitation semi-industrielle et industrielle de l'Or et du Diamant, de par sa taille elle doit être réorganisée pour devenir une activité économiquement fiable et socialement utile.

# CHAPITRE VIII

## EXPLOITATION ARTISANALE

En Guinée, l'exploitation minière artisanale est bien développée et connue dans le pays depuis le moyen âge dans les mines d'Or du Bouré et de Kangaba qui ont fait la prospérité des Empires médiévaux.

Cette activité s'est accrue et concerne désormais non seulement l'Or, mais aussi le diamant. Elle se caractérise de nos jours par des structures de petites tailles dont l'organisation de la production est jugée faible et qui travaillent sans investissements importants ni équipements appropriés avec un nombre très élevé d'artisans miniers généralement peu qualifiés.

On note à cause de l'utilisation des maigres moyens d'exploitation, un faible taux de récupération de l'or et du diamant, la non-maîtrise des problèmes d'exhaure, l'absence de mesures d'hygiènes, de sécurité et de protection de l'environnement. Les données statistiques montrent que l'artisanat minier guinéen occupe aujourd'hui près de 200.000 personnes dans les travaux d'extraction de l'or et du diamant.

La production de l'or a atteint 6 tonnes en 1997 et a rapporté plus de 50 millions de dollars US ; le diamant produit de 1996 à 1999 est de 2 millions de carats qui ont donné une valeur de 232 millions de dollars US ; en 2014 et en 2015, l'exploitation artisanale a produit respectivement 153 871,80 carats et 120 050,25 carats pour un montant de 39 944 508,86 dollars.

De par sa position, l'artisanat minier guinéen est bien une source de revenus pour les communautés villageoises et peut à ce titre contribuer largement et de façon substantielle à la réduction de la pauvreté et surtout à l'essor économique du pays. Aussi ce secteur mérite d'être suivi, et maîtrisé dans le cadre de la stratégie nationale de réduction de la pauvreté initiée par le Gouvernement.

Le projet RAF/99/023 qui s'inscrit dans l'optique de l'éradication de la pauvreté et le développement des Moyens d'Existence durable (MED) dans les communautés minières artisanales, doit être considéré comme l'un des éléments de la stratégie globale du Secteur minier visant la lutte contre la pauvreté.

**Aperçu général sur les Communautés minières artisanales et à petites échelles (AMS)**

Les études ont touché deux (2) préfectures (Kouroussa et Kérouané) de la Haute Guinée très connues pour l'extraction artisanale de l'or et du diamant et ont permis d'avoir une idée très nette de cette activité.

**Tableau 34 : Répartition des sites de l'Étude**

| Préfectures | CRD | Villages |
|---|---|---|
| 1. Kouroussa | Kiniero | 1 .Djirland<br>2 .Kiniero centre |
| 2. Kérouané | Banankoro | 1. Banankoro centre<br>2. Worokoro campement |

• Banankoro est une zone d'exploitation artisanale de diamant et abritait dans le passé la société d'exploitation industrielle du diamant (AREDOR) ; cette activité est exercée actuellement par la Société Guiter Mining.

• Kiniéro est une zone d'exploitation artisanale de l'or où évoluait la SEMAFO (société d'exploitation industrielle) en arrêt depuis 2012.

• Les deux CRD (Kiniéro et Banankoro) se caractérisent par une insuffisance d'appui extérieur à leur développement.

**CRD de Kiniéro :**

Les villages de Kiniéro centre, Djirland et Mansongna sont les (3) sites d'exploitations artisanales de la CRD de Kiniéro ;

**Caractéristiques principales :**

L'exploitation minière artisanale est traditionnellement bien structurée et elle obéit à une organisation socio-économique bien définie dans les limites des zones d'activités artisanales des villages Kiniéro et Djirland.

Les premiers artisans miniers qui ont découvert les endroits propices à l'exploitation de l'or prennent le nom de köti (propriétaires des cours d'eau le long desquels ils ont découvert l'or). Les köti sont les propriétaires des domaines. Dans ces villages l'ensemble des activités minières artisanales est facilité et contrôlé par une seule structure appelée Tomboloma.

Le Tomboloma est dirigé par un bureau de 20 membres qui est agréé par le conseil des mines avec lesquels il collabore étroitement. Il est constitué de commissions techniques au sein desquelles s'effectue le travail de Tomboloma.

• Chaque village a ses prérogatives et c'est celui du canton de Fadama qui est réputé dans le règlement des conflits socio-économiques. Il a procédé dans le temps à la délimitation des zones d'orpaillages des 3 villages pour mettre ainsi fin aux nombreuses querelles entre les villages de Djirland et Mansongna.

• Il convient de préciser que même si les artisans miniers de plusieurs villages exploitent les mêmes mines, le droit de propriété revient à ceux d'un seul village. Ce privilège se traduit notamment par le droit d'exploitation des zones riches en or par des individus appartenant à une catégorie sociale dont le statut et le rôle sont admis par l'ensemble de la collectivité. Les activités artisanales minières sont saisonnières. L'alternance de l'orpaillage avec les autres actions génératrices de revenus (agriculture, pêche, élevage, chasse, commerce) s'articule autour de différentes périodes suivantes :

Dabata : mai-juillet ; Samatala : août-octobre ; Fobonda : novembre-janvier ; Tarabatélé : Février-Avril.

Le caractère essentiel de cette activité est une pratique ancestrale et apparemment organisée ; c'est l'absence de technicité qui traduit la faiblesse des moyens matériels ; cette lacune est nécessairement liée au manque de financement.

• La taille de l'exploitation minière artisanale est de petites échelles, l'extraction du gravier aurifère s'effectue par des puits, par des tranchées ou par de profondes excavations dans le cas filonien, creusés à la main.

La remontée des produits est réalisée par des seaux tirés à l'aide d'une corde, sans l'usage de treuil, de palan, et de trépied à poulie.

Le minerai aurifère est traité à la calebasse et la perte au lavage est estimée entre 20 et 30 %, à cause des méthodes et moyens rudimentaires employés.

**Schéma 1 :**

• L'environnement minier artisanal se caractérise par une profonde dégradation des ressources naturelles, par une absence de mesure d'hygiène, de santé et de sécurité. Cette situation a pour corollaire les effets néfastes sur les conditions de vie des femmes et des enfants.

• La pression démographique des zones sujettes à l'exploitation artisanale a provoqué un épuisement prématuré des réserves des sites de Kiniéro-Mansogna entraînant un afflux de migrants vers les mines de Djirland en provenance des villages voisins et parfois des pays limitrophes.

• L'économie est très précaire, à part les activités minières artisanales il n'existe pas de véritables organisations paysannes agricoles à Kiniéro, tout comme à Djirland. Toutefois, les embryons de groupement d'agriculteurs surtout chez les femmes commencent autour des maraîchages. Il existe à Djirland et à Kiniéro une organisation des commerçants d'or qui n'a pas encore pris d'appellation précise.

Les acteurs de cette branche ne s'investissent pas dans le financement de la production, mais fonctionnent avec des avances fournies aux artisans.

• Un troisième acteur impliqué dans le système de production de l'or concerne les patrons. Il s'agit des personnes financièrement capables de constituer un groupe de travail pour leur propre compte.

**Schéma 2 :**

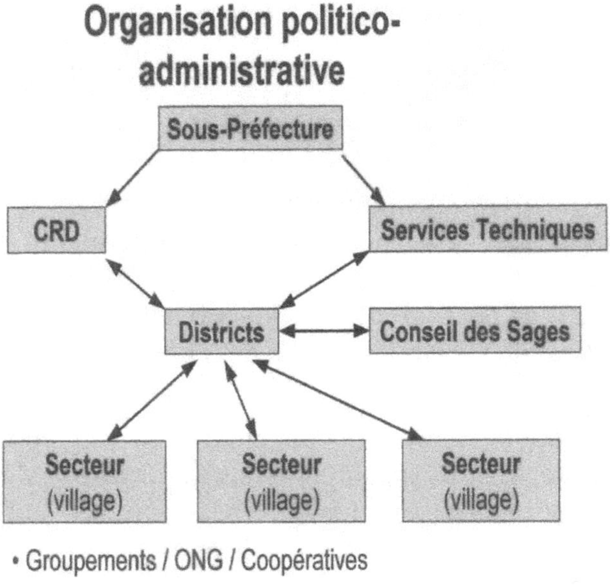


**Groupements/ONG/coopératives/société civile :**

– Les Sous-Préfets en tant que représentants de l'État, assurent la tutelle des Services décentralisés et des Services techniques déconcentrés.

- La Commune Rurale de Développement (CRD) regroupe un certain nombre de Districts, comprend un Conseil Communautaire et un Bureau Exécutif.

- Le Bureau Exécutif de la CRD est composé d'un Maire, d'un Vice-Maire et d'un Trésorier.

- Le Conseil Communautaire qui délibère sur toutes les questions intéressant la vie socio-économique et culturelle de la CRD, regroupe en son sein deux (2) représentants de chaque conseil de District et relevant de la CRD.

- Le nombre de Conseillers Communautaires est fonction du nombre de Districts que compte la CRD.

- Il faut préciser que les deux (2) représentants de chacun des Districts sont issus du choix du Conseil de District.

- Selon les textes réglementaires, le Conseil de District compte neuf (9) membres, dont le Président.

- Chaque District regroupe également en son sein, un certain nombre de Secteurs dirigés par des Chefs de Secteurs.

- À l'instar de la CRD, les Services Techniques Déconcentrés sont sous la tutelle du Sous-préfet et ont pour mission d'apporter l'assistance aux populations dans les différents secteurs de développement (santé, éducation, agriculture, etc.)

L'ensemble des structures ci-dessus indiquées collabore intimement avec les populations, dans le cadre de la mise en œuvre de la politique du Gouvernement en matière de développement socio-économique.

Il y a lieu de noter également que le Conseil de Sages dont l'existence est régie par des textes réglementaires, est chargé des mœurs et traditions, de l'organisation des cérémonies coutumières et du règlement des conflits sociaux.

**Tableau 35 : Infrastructures sociales (kiniero) pour une population de 5.416 habitants**

| N° | Infrastructures | Nombre | Observations |
|---|---|---|---|
| 1 | Mosquée | 4 | En dur |
| 2 | École | 1 | Briques et agrégats sur le site |
| 3 | Forage | 4 | Fonctionnels |
| 4 | Piste | 55 km | Praticable en saison sèche |
| 5 | Poste de santé | 1 | |

- La gestion moderne est assurée par le bureau de la CRD, et sa tutelle le (Sous-Préfet) qui associe le pouvoir traditionnel du village le « Söti ».

**Tableau 36 : Infrastructures sociales du village Djirland pour une population de 942 habitants**

| N° | Infrastructures | Nombre | Observations |
|---|---|---|---|
| 1 | Mosquée | 1 | En dure |
| 2 | École | 0 | Briques et agrégats sur le site |
| 3 | Forage | 2 | Fonctionnels |
| 4 | Piste | 6 km | Praticable en saison sèche |
| 5 | Poste de santé | 0 | |

**CRD de Banankoro :**

**Caractéristiques principales :**

L'étude s'est réalisée dans les limites des villages de Banankoro centre et Worokoro campement appartenant à la CRD de Banankoro.

- Banankoro s'est aussi développé grâce à la présence des sociétés d'exploitations industrielles du diamant. Dans la région plusieurs sociétés d'exploitations industrielles (étatiques, privées) ou semi-industrielles en particulier AREDOR, Guiter Mining y ont obtenu de l'État Guinéen des concessions minières.

• Les activités minières artisanales étaient considérées comme une exploitation clandestine et sévèrement combattue par l'État. Malgré toutes les mesures prises pour l'éradication totale de l'exploitation artisanale clandestine, celle-ci s'est consolidée et s'est développée, pour être enfin légalisée en bonne et due forme. Les zones d'exploitations minières artisanales se sont développées et couvrent les sites de Sibiriboro, Worokoro, Gbenko, Somassania, depuis plusieurs décennies.

• Les caractères socio-économiques et l'organisation du travail ont beaucoup évolué par rapport à ceux de l'exploitation artisanale de l'or. La CRD fonctionne à l'image de celle de Kiniéro.

**Exploitation artisanale du diamant**

L'exploitation artisanale du diamant comme celle de l'or est saisonnière et l'intensité des actions artisanales varie selon les zones (Banakoro-Worokoro centre). Ainsi les artisans miniers consacrent les périodes creuses de l'exploitation du diamant à d'autres activités (agriculture, élevage, pêche, petit commerce).

• Les effets de la pression démographique s'accentuent sur la zone et l'activité artisanale se développant sur de grandes superficies, rétrécissent les domaines réservés à l'agriculture.

• La taille de l'exploitation est plus grande. L'extraction du minerai dans les petits chantiers se fait dans des conditions pénibles en utilisant des moyens rudimentaires (pioche, pelles, sceaux, etc.). La couche payante qui renferme le diamant se trouve recouverte par une puissante couche de stérile, dont il faut décaper. Les puits, les excavations minières, les galeries et les grandes tranchées sont les moyens utilisés par les artisans pour l'extraction du minerai. Parfois, la location temporaire de certains moyens mécanisés est sollicitée (pompes d'exhaure, des bulldozers, les pelles mécaniques, marteaux-piqueurs, etc.).

• Dans les divers sites artisanaux, on rencontre des exploitants individuels (hommes, femmes, enfants)

– Des groupes d'individus organisés avec spécification des tâches et de gestion de l'ensemble ;

– Et dans le cadre de dynamiser le secteur artisanal, l'existence de grands chantiers avec des relations patron-artisans-chef d'équipe (exploitants privés).

• Les plus nantis parmi les Masters emploient les mineurs artisanaux dont le nombre varie de 300 à 500 personnes. Cette catégorie d'exploitants agréés par l'État a la possibilité de s'investir sur plusieurs parcelles. Le traitement du minerai se fait à travers de petites laveries mobiles et des tamis. L'environnement minier de l'exploitation du diamant est plus dégradé que celui de l'or. Il est la résultante de deux activités d'exploitation industrielle et artisanale qui ont provoqué et accéléré la détérioration des sols propices à l'agriculture, la disparition du couvert végétal et surtout la destruction de l'écosystème.

• L'économie dans la CRD de Banakoro est détenue par les plus nantis qui font des activités artisanales de l'exploitation de diamant une priorité par rapport aux activités agricoles, de pêche et d'élevage. La collecte et la commercialisation du diamant se déroulent à Banankoro qui est le centre d'intérêts de toutes les populations de la CRD. Les moments propices au commerce du diamant sont de décembre à mai (Tara Wati) et de septembre à novembre (Séné Wati) ; et il décroît de juin à août. Plusieurs formes d'organisations existent autour des activités de commercialisation du diamant. On distingue :

– Les acheteurs au centre des négoces qui disposent à Conakry d'un comptoir d'achat agréé et qui peut aussi directement exploiter des mines.

– Les masters qui peuvent se rendre à un comptoir ou à la Banque Centrale de la République de Guinée (BCRG) pour vendre une pierre extraite par leurs mineurs.

– Le Bureau National d'Expertise (BNE) domicilié à la BCRG, permet de percevoir les droits sur la vente du diamant après l'expertise qui délivre des Certificats d'Origine (conforme au « Processus de Kimberley » les colis sont scellés et transportés jusqu'à la parcelle de l'avion. La taxe perçue pour cette évaluation représente 3 % de la valeur d'évaluation.

**Soutien politique et administratif :**

De par sa nature, et de par son caractère d'activité socio-économique, l'exploitation artisanale minière bénéficie d'un soutien administratif et politique du Gouvernement. Cette activité a été légalisée et les artisans mineurs travaillent à côté des sociétés industrielles en zone résiduelle. C'est l'encadrement minier qui procède au découpage et à l'attribution de parcelles d'exploitation après que les candidats se soient acquittés de tous les droits vis-à-vis de l'État. Il gère aussi les conflits entre les industries et les artisans en collaboration avec les Services déconcentrés des Mines, de la Préfecture, de la Région et il existe aussi les organisations syndicales dans la zone.

- L'APRODIG= l'Association Professionnelle des Diamantaires de Guinée est composée de patrons (maters), c'est à elle que l'encadrement minier attribue les parcelles et c'est elle qui emploie les mineurs.

- L'APROMIG= est l'Association Professionnelle des Mineurs de Guinée. Elle est constituée par les mineurs.

- Le SYNADOR = Syndicat National des Exploitants de Diamant et Or qui défend les intérêts des exploitants artisanaux de diamant et de l'or. Il comprend les patrons (masters) et les mineurs eux-mêmes.

Toutes ces organisations contribuent à l'amélioration des relations professionnelles entre les différents partenaires de l'exploitation artisanale du diamant.

**Tableau 37 : Infrastructures sociales CRD de Banankoro (Banankoro centre) pour une population de 21.108 habitants en 2001.**

| N° | Infrastructures | Nombre | Observations |
|---|---|---|---|
| 1 | Mosquée | 32 | Dont sept (7) en dure et 25 en banco |
| 2 | École | 3 | Dont une (1) école privée |
| 3 | Forage/puits | 25/8 | 33 points d'eau |
| 4 | Église | 1 | Protestante |
| 5 | Centre NAFA | 1 | |
| 6 | Centre de santé | 7 | Dont un (1) centre de santé amélioré et six (6) centres médicaux privés |
| 7 | Piste | | Axes principaux entretenus |

**Tableau 38 : Infrastructures sociales Worokoro campement (avec une population de 1.328 habitants)**

| N° | Infrastructures | Nombre | Observations |
|---|---|---|---|
| 1 | Mosquée | 1 | En dur |
| 2 | École | 1 | De trois (3) classes dont deux (2) fonctionnelles |
| 3 | Poste de santé | 1 | Fonctionnel |
| 4 | Forage/puits | 1/1 | Fonctionnel/temporaire forage/puits |
| 5 | Barrage hydraulique | 1 | Remplie au 5 mai |
| 6 | Piste rurale Banankoro Worokoro | 25 km | Praticable en toutes saisons |

**Situations des communautés ASM comme analysées à travers l'Approche des Moyens d'Existence durable (AMED) :**

Pour la réalisation de l'étude, l'EUPD (Entraide universitaire pour le Développement) a privilégié la méthode participative basée sur l'utilisation des outils de l'Approche des Moyens d'Existence durable (AMED) et la Méthode Accélérée de Recherche Participative (MARP). Les résultats obtenus sont analysés et consignés dans le document de monographie des communautés villageoises. L'analyse à travers l'AMED a porté sur trois axes essentiels :

- Plan environnement
- Plan social et institutionnel
- Plan économique et financier.

**L'environnement minier artisanal :**

Dans les CRD de Kouroussa et Kérouané, l'environnement est totalement dégradé. Cette activité est un facteur de déforestation, de destruction des sols, et des espèces animales, elle provoque l'érosion, la destruction des berges, le déséquilibre des cours d'eau, et la pollution des eaux.

**Sur le plan social et institutionnel :**

On note une croissance sans cesse de la population largement analphabète chez les adultes et un taux de scolarisation des enfants très faible, une prédisposition au paludisme, aux maladies respiratoires, diarrhéiques et aux IST/VIH Sida, une insuffisance du personnel soignant, le manque d'infrastructure sanitaire, la proximité des habitants et la surpopulation. Le cadre institutionnel est peu efficace. L'application de la réglementation minière souffre de lacunes. Les moyens humains et un équipement pour assurer son application sont insuffisants ou inexistants. La compétence et l'efficacité des représentants locaux dans les CRD doivent être renforcées. Les responsabilités entre autorités centrales et régionales manquent de clarté et demandent à être redéfinies. Le régime des redevances et des attributions des droits d'exploitation est à revoir.

**Activités économiques :**

Elles sont diversifiées : les artisans sont à la fois mineurs, agriculteurs et souvent ils pratiquent l'élevage et la pêche. La préoccupation principale dans cette région est bien l'exploitation minière artisanale. Celle-ci est une réalité découlant d'une longue pratique ancestrale. Il faut noter une absence totale de financement dans le secteur.

La production minière artisanale manque de technologie appropriée et les revenus sont très faibles. Un réseau commercial existe et fonctionne relativement bien (diamant).

**Les atouts du secteur :**

L'Exploitation minière artisanale (AMS) est une activité saisonnière qui ne peut entrer directement en concurrence avec les autres secteurs tels que l'agriculture, l'élevage et la pêche. Elle pourrait être bénéfique par exemple à l'agriculture si un plan des terres exploitées par les artisans miniers était mis en place. Un tel plan serait un volet indispensable du développent durable (MED). Les gains réalisés dans l'activité minière pourraient rejaillir dans l'agriculture.

L'organisation traditionnelle des chantiers peut servir d'ancrage aux activités d'optimisation et faciliter l'occupation. La faculté de la population à accepter une organisation externe à sa structure est certaine. Cette capacité à se regrouper en petites unités a été mise à profit dans d'autres secteurs notamment dans l'agriculture et peut être tentée dans le Secteur minier.

Dans le domaine strictement minier, le potentiel reste important compte tenu du mode opératoire, l'exploitation sur un site ne concerne que 40 à 45 % des réserves, la reprise rationnelle des anciens sites peut contribuer à optimiser la gestion durable des ressources naturelles.

Le réseau de commercialisation peut être un des éléments du développement et doit être associé à un éventuel programme d'appui au secteur de la production.

Les acteurs de ce réseau ne sont pas insensibles à une démarche conduisant à une augmentation de leur propre chiffre d'affaires et certains pourraient intervenir dans la production.

On constate parmi les plus nantis (les masters) l'existence de groupements. Les masters se réunissent et exploitent les parcelles communes. La répartition des gains se fait sur entente des parties intéressées.

Certains masters utilisent les revenus obtenus de l'exploitation artisanale minière dans l'agriculture et l'élevage en se dotant de gros moyens (tracteurs et petits outillages)

**Les vulnérabilités des populations :**

Les impacts négatifs de cette activité dans le cadre général de la vie des populations, sur l'environnement social et géographique, sur la sécurité et la santé ont été bien identifiés, largement discutés et sont parfaitement connus. Les effets sont particulièrement néfastes pour les femmes et les enfants qui sont souvent les victimes du système. L'exploitation irrationnelle conduit à une grave dégradation de l'environnement physique et à un appauvrissement non contrôlé des ressources naturelles. L'installation parmi la population de toutes sortes de maladies suite aux manques d'hygiène, de sécurité alimentaire et de soins.

**Attentes de la population :**

Il faut ajouter la nécessité fortement ressentie par la population d'améliorer ses conditions d'existence :

- Réalisation ou amélioration des infrastructures sociales de base (école, santé) ;
- Accès à l'eau potable des zones (forages, puits)
- Désenclavement des zones de production (pistes)
- Appui au développement des organisations paysannes viables ;
- Appui au secteur artisanal minier, agricole et élevage ;
- Mise en application des mesures et dispositions de protection et de restauration des ressources naturelles dans les zones d'AMS ;
- Soutien aux initiatives privées (Mise en place de système de crédit, appui technique, formation) ;
- Développement des infrastructures et équipements économique (marché, décortiqueuse et moulin, four à pain) ;

Les communautés sont conscientes de leur état de pauvreté. Elles développent des stratégies de collaboration dans le domaine de leurs activités. Elles constituent des groupes d'association aussi bien dans l'exploitation artisanale minière, dans l'agriculture que dans d'autres organisations à caractère sociales. Elles se font des prêts à court et long termes selon les clauses des parties pour advenir à leurs besoins.

Les leçons à tirer grâce à l'utilisation des Moyens Accélérés de Recherche participative (MARP), c'est qu'il existe dans ces villages (Kiniéro, Banankoro) une réelle dynamique de développement à travers la prise de conscience de nombreux jeunes et la présence parmi eux de leaders d'opinion. Pour la réalisation d'actions communautaires (construction des écoles, postes de santé, puits ou forages) la mobilisation est totale, les parts sociales sont vite libérées.

Les communautés rurales des CRD de Kiniéro et de Banankoro ont hautement apprécié la bonne collaboration existant entre la société Aurifère de Guinée (SAG), la préfecture de Siguiri et les communautés villageoises. Elles ont souhaité que les voies et moyens soient explorés afin que les Sociétés Industrielles évoluant dans leurs localités puissent participer aussi de manière significative aux efforts de développement des communautés environnantes.

Les atouts existants à travers AMED ont été mis à profit et permis la formalisation des projets dans le secteur AMS et l'identification d'alternatives des moyens d'existence durable. Ces projets ont été élaborés, discutés et adoptés par les communautés elles-mêmes pour une période de 3 ans. Les domaines d'activités sont :

- Secteur minier artisanal (AMS) demeure la principale activité
- Secteur agricole ;
- Secteur des infrastructures socio-économiques ;
- Secteur environnemental,
- Secteur formation

Pour une parfaite réussite de l'ensemble des actions définies, il s'avère nécessaire de noter que la mise en place et le renforcement des organisations paysannes restent et demeurent le support indispensable. (Élaboration de plans : triennal et annuel assortis de microprojets).

**Stratégies pour améliorer les Moyens d'Existence durable :**

L'enquête a permis de conclure sur trois types de stratégies adaptées à la lutte contre la pauvreté au sein des communautés minières artisanales.

**Stratégie I : Renforcement des MED (Moyens d'Existence durable)**

Cette stratégie consiste à faire comprendre aux communautés qu'elles ne doivent compter que sur elles-mêmes, et sur leurs propres ressources pour l'amélioration de leur bien-être, la réduction de leur vulnérabilité, le développement de leur sécurité alimentaire, et surtout l'utilisation durable des moyens d'existence.

Il faut noter que les communautés utilisent actuellement des stratégies de suivi qui comportent de grandes forces de mobilisation et de vie communautaire. Ces stratégies sont essentielles pour soutenir la durabilité des actions et des résultats. Les perspectives pour parvenir aux résultats désirés dans un contexte MED doivent s'accomplir en cernant de plus près les activités communautaires dans leur ensemble. Les stratégies doivent s'articuler autour des opérations de sensibilisation, de formation et d'alphabétisation fonctionnelle, d'animation sur l'état des lieux et des problèmes communautaires, de diagnostic participatif des stratégies. Cette stratégie permet d'asseoir la responsabilité directe des communautés et susciter des apports dans les actions.

**Stratégie II : Consolidation et diversification des actions économiques**

L'activité artisanale minière (AMS) est la principale activité de la communauté et ne procure pas un revenu suffisant pour une meilleure qualité de vie. Ceci à cause de la précarité des moyens dont disposent les exploitants artisanaux de l'or et du diamant.

Cette stratégie consiste d'une part à soutenir les actions (appui technique, financier et institutionnel) qui instaureront une économie autogérée, et de l'autre à encourager la diversification des actions économiques (agriculture, élevage, pêche). Elle permettra ainsi de développer dans les communautés villageoises la capacité des exploitants (de toutes les activités économiques) d'accéder à un mode de vie plus autonome et durable.

**Stratégie III : Cadre d'appui du Secteur minier industriel au développement communautaire.**

Les ressources des compagnies minières contribuent au développement des infrastructures régionales.

Dans ce cadre les meilleurs exemples sont la Société Ashanti Golde Fields Guinée (SAG) et la Compagnie des Bauxites et Guinée (CBG) qui ont financé la construction de centaines de kilomètres de routes et pistes, de nombreux centres de santé, écoles et autres infrastructures sociales, de même que la mise à disposition de microcrédits aux populations locales.

Les actions de la SAG à Siguiri ont été appréciées par les communautés environnantes qui ont demandé que ce bel exemple soit suivi par les autres sociétés exploitant les ressources minérales du pays en appliquant la politique de soutien du Secteur minier aux communautés villageoises initié par le Gouvernement.

L'industrie minière peut être aussi une source de financement pour des activités du Programme d'Appui aux Communautés villageoises (PACV) dans les régions concernées. À son tour, le PACV fournira l'assistance pour l'organisation des communautés et donnera la formation nécessaire pour la gestion des plans de développement financés par les compagnies minières.

La stratégie du Gouvernement est de favoriser et formaliser une bonne relation de cohabitation entre les entreprises minières et les communautés au profit du développement économique des régions et de la lutte contre la pauvreté.

**Attentes spécifiques :**

1- Le renforcement et la consolidation des moyens d'existence durable dans les zones d'exploitation minière et la promotion de l'approche MED dans la formulation et la mise en œuvre des projets de développement.

2- La réalisation d'études plus approfondies des conditions d'existence des populations dans les zones d'exploitation artisanale en particulier les mineurs artisanaux.

3- L'amélioration accrue des conditions de vie des femmes et des enfants dans ces zones à travers la promotion des activités génératrices de revenus autres que l'exploitation minière artisanale.

4- La protection des droits des enfants dans les mines et l'amélioration de leurs conditions de vie.

5- La protection et la gestion rationnelle intégrée et participative des ressources naturelles dans une perspective MED tout en prenant en compte les impératifs générationnels.

Il est permis de comprendre que l'artisanat dans le Secteur minier est une activité économique viable et socialement utile par laquelle il faut développer des activités alternatives qui s'appuieront sur le renforcement des moyens d'existence durable permettant aux communautés de s'autogérer en vue d'un développement intégré en général et d'alléger les fardeaux des femmes en particulier afin qu'elles puissent jouer un plus grand rôle économique.

# CHAPITRE IX

## SOCIÉTÉ DES BAUXITES DE DABOLA — TOUGUE (SBDT SA)

**Historique et Réalités de son Développement**

La Société des Bauxites de Dabola Tougué mérite une meilleure lecture des difficultés vécues et surtout une attention sur les opportunités manquées pour sa réalisation.

En effet, cette société dans laquelle la Guinée détient 49 % des Actions est en phase de réalisation. Le consortium de sociétés I.C.G. a été choisi en 2010 par Appel d'Offres internationales pour les travaux de construction avec un coût du projet d'environ 505 millions d'Euros. Le projet comprend trois volets qui sont : la mine, le système de transport du minerai et le port.

Toutes les conditions techniques et financières pour l'exécution des travaux ont été définies par les partenaires à travers les résolutions du Comité technique et du Conseil d'Administration de la société. La durée des travaux était prévue pour trois ans (2010-2013) ainsi le handicap majeur pour l'évacuation du minerai se trouvant à près de 400 km des côtes a été résolu à travers l'introduction en Guinée du système de transport par pipeline. Toutes les initiatives prises pour la réhabilitation du chemin de fer et la construction du trans-guinéen n'ont pas abouti.

Le Conseil d'Administration ténu à Téhéran les 25 et 26 mai 2012, a décidé d'offrir les meilleures conditions de financement à ce projet.

Un montant de 28 millions d'euros a été dégagé devant servir d'avance d'investissement pour les travaux de construction.

Un rendez-vous a été pris pour Conakry afin d'examiner le chronogramme relatif à la réalisation dudit projet. Cette rencontre n'a jamais eu lieu.

Le temps d'attente imposé à la SBDT a duré pendant 5 ans (2010-2015), et cette situation ne facilitait pas à la société de respecter ses engagements contractuels auprès du Port autonome de Conakry concernant l'aménagement dans la zone est de 33 Ha ; du prolongement du quai et du dragage de 14 m du chenal pour permettre aux bateaux de gros tonnage d'y accéder.

C'était aussi une manière de faire retarder le projet en lui privant de son port et cela pour longtemps dans la perspective de vouloir compromettre la mise en œuvre de la convention de concession liant la SBDT, et le Port Autonome de Conakry (PAC).

Toutes les questions liées au système de transport par pipeline, aux aspects stratégiques ; économique en terme de revenus ; d'emplois et d'environnement ont été traités dans le cadre du développement de la société par les membres statutaires du Conseil d'Administration et du Comité technique.

La SBDT a été l'initiatrice du transport du minerai par pipeline, avant la société C.P.I., car elle a vite compris la nécessité de participer à la diversification des méthodes de transport dans le Secteur minier en Guinée, surtout de participer très rapidement et de manière efficace à l'éradication des zones de pauvretés, en créant la richesse, l'emploi pour les communautés d'une manière générale et pour la jeunesse en particulier.

Cette démarche est bien conforme avec la vision de développement du secteur minier de notre pays ; n'eût été cette situation de blocage qui ne dit pas son nom, la SBDT serait en production depuis pour le bonheur des populations de cette partie centrale de la Guinée qui demeure une zone de pauvreté.

Le système de pipeline est fiable, économique et respectueux des normes environnementales ; il fera de la Guinée un exemple de développement durable par une exploitation rationnelle et intégrée des ressources bauxitiques. Il s'agit dans le cas de la SBDT d'un projet réaliste avec un taux de rentabilité de 14 %, un retour des investissements de 6 ans 3 mois et surtout des revenus appréciables énoncés dans les Études de faisabilité.

La Direction générale de la SBDT a noté avec satisfaction que l'initiative innovante de son système de transport a été hautement appréciée par le groupe d'experts de la Banque Mondiale chargé de l'élaboration du schéma directeur des infrastructures de transport minier en Guinée ; c'est ce qui encourage la société à faire de la SBDT un modèle de développement économique dans le Secteur minier.

**Avènement de la SBDT**

La Société des Bauxites de Dabola Tougué est le fruit de la coopération entre la République de Guinée et la République Islamique d'Iran. Elle fut créée le 9 juillet 1992 à Conakry. C'est une société d'économie mixte qui envisage l'exploitation de la bauxite à court terme, la transformation de celle-ci en alumine à moyen terme et à long terme la construction d'une fonderie d'Aluminium.

Le capital social de la société est de 20 millions de dollars US reparti en 20.000 actions de 1000 dollars chacune.

Le Gouvernement Guinéen est le partenaire A et détient 49 % des actions et le Gouvernement iranien le partenaire B qui représente les intérêts de trois sociétés privées que sont :

Iramco (13 %), Amir industriel (12 %) et Minéral Export (26 %).

C'est au cours de sa session du 18 avril 2007 ténue à Düsseldorf en Allemagne que le CA de la SBDT a approuvé et accepté la cession des 51 % des actions du partenaire B à de nouveaux actionnaires notamment IMIDRO (49 %) et PPFSI (2 %).

**Le Partenaire A** : la République de Guinée octroiera à la société une concession exclusive et irrévocable sur le territoire des gisements de Dabola et de Tougué, compris entre des coordonnées géographiques bien définies.

La carte de ladite concession sera annexée au Décret d'attribution.

En plus de la concession minière, le Partenaire Guinéen accordera à la SBDT des privilèges financiers, certains droits et titres miniers, des allègements fiscaux de longue durée et créera un environnement favorable à une exploitation paisible pendant la durée de la convention qui suivant les dispositions du Code minier est de 30 ans renouvelables.

Ainsi, la Guinée entreprendra ou fera entreprendre la construction des infrastructures de transport (voie ferrée) reliant le point d'embranchement le plus favorable de la ligne Tougé-Dabola-Kindia aux installations portuaires de Conakry.

**Le Partenaire B** : la République Islamique d'Iran a exprimé la volonté de s'associer avec la République de Guinée pour poursuivre ensemble les activités de recherche, de prospection en vue d'exploiter, de valoriser et de commercialiser la bauxite provenant de Dabola et de

Tougué ainsi que l'alumine, dans le cadre d'une activité économique.

La République Islamique d'Iran dans le cadre du développement de la mine procurera à la SBDT des moyens financiers en prêt ou à travers des pays amis et/ou des Institutions Internationales pour la réalisation des phases suivantes :

— La première phase concerne la construction de la base vie de la société, le développement de la mine, les infrastructures connexes (voies d'accès, fourniture d'eau et d'électricité, de logements, etc.)

— La deuxième phase englobe le financement de toutes les études liées à la construction d'une usine d'alumine.

L'Iran apportera aussi son appui à la Guinée et à la mise en place du financement concernant la réalisation des infrastructures ferroviaires, portuaires et énergétiques.

Enfin les Partenaires A et B ont convenu dans le cas où l'étude de faisabilité n'est pas favorable au développement de la mine, le Partenaire iranien pourra demander à la partie guinéenne un autre permis. Cette demande sera examinée avec diligence et de bonne foi et l'Iran continuera à apporter à la Guinée dans la recherche et la mise en place du financement pour la réalisation des infrastructures nécessaires à la réalisation du projet

**Historique**

La création de la SBDT est bien la suite logique de l'évolution des accords de coopération minière, énergétique et de transport signés le 30 octobre 1990 entre le ministre iranien des Mines et des Métaux et le ministre guinéen des Ressources naturelles et de l'Environnement.

Le contexte de cet avènement peut se résumer par le fait que l'Iran a besoin de s'approvisionner en bauxite et en alumine pour assurer le développement de son industrie et que la Guinée souhaiterait aussi par le biais d'une telle coopération trouver un cadre performant pour promouvoir les bases de son développement.

C'est alors que les deux parties ont décidé de coopérer à la résolution des problèmes de transport et de l'énergie en général ainsi que celle de l'évacuation de la bauxite de Dabola, de la construction de barrages hydroélectriques et de la transformation de ladite bauxite en alumine.

Il est important de noter que la région de Dabola renferme 13 plateaux bauxitiques parmi lesquels celui de Léguetéra a été le plus investi dans la perspective d'une exploitation industrielle par Energoprojekt (société yougoslave) et Alusuisse

Le plateau de Ponthiolon dans la région de Tougué a fait aussi l'objet de beaucoup de convoitises.

Il est évident aussi que l'éloignement des gisements de bauxites de la région à près de 400 km des côtes de l'Atlantique constitue un handicap majeur pour la réalisation du projet.

Les questions essentielles du développement de l'industrie minière de cette région s'inscrivent en priorité à la résolution des problèmes liés aux moyens de transport et à ceux du port d'évacuation du minerai.

Les réserves totales en bauxite sont de 600 millions de tonnes.

**Réalités liées au développement de la SBDT**

Des efforts considérables ont été consentis à la mise en œuvre de ce projet en ce qui concerne les volets de la mine et du chemin de fer.

- Les Études de faisabilité de la mine de bauxite (Léguétéra) ont été achevées en 1997 pour un coût de 3.080.000 dollars US

- L'Étude du chemin de fer sur le prolongement du chemin de fer standard de la CBK de Débélé à Dogomet a connu un début de réalisation (coût 2 500 000 dollars US)

- L'Étude de faisabilité de l'Usine d'Alumine estimée à 2.000.000 dollars US a été interrompue

- Le contrat signé entre la SBDT et l'ONCFG qui a permis l'achat des locomotives et wagons dans le cadre de l'exploitation minière a aussi été résilié pour mettre fin aux initiatives qui conduiraient en première phase à la réhabilitation du chemin de fer Niger, à l'exportation de 600 000 tonnes de bauxite/an et en seconde phase raccorder le projet SBDT au chemin de fer standard à partir de Débélé sur une distance de 272 km.

La SBDT a travaillé de sa date de création en 1992 à l'an 2005 pour trouver en vain une issue heureuse à l'épineux problème du chemin de fer et à sa participation au projet du Trans-Guinéen dont la formalisation tardait à se concrétiser.

Le manque de réalisme dans les prises de décisions a conduit inexorablement à l'arrêt total des activités de la société et un retour à la case de départ mettant ainsi en péril tous les investissements consentis à la SBDT.

**Relance de la SBDT**

C'est le 14 mai 2005 que s'est tenue à Conakry la réunion du Conseil d'Administration de la SBDT qui a adopté d'importantes résolutions relatives à la réactualisation des études des infrastructures de transport du minerai, aux dépenses de fonctionnement et à la réhabilitation du site de Dogomet et des bureaux de Conakry.

La Direction générale s'est activement déployée à la réalisation de ces importantes tâches. C'est ainsi que la Société iranienne South Alumina Company (SALCO) a été mandatée de réaliser des études pour la recherche d'une variante optimale de transport du minerai de bauxite de Dogomet au Port de Conakry.

Ce volet concerne les études du système d'évacuation de la bauxite et de l'alumine par :

— Chemin de fer

— Pipeline

La Direction générale conformément à la résolution No R/CA/03 du 14 mai 2005 Conakry du CA, donnant mandat à la Société SALCO de réaliser ces études, a signé avec celle-ci un Contrat le 25 juin 2005 à Téhéran pour exécution.

Le Conseil d'Administration extraordinaire du 3 août 2005 s'est tenu à Düsseldorf (Allemagne) au cours duquel des Études préliminaires sur le système d'évacuation de la bauxite ont été présentées par la Société SALCO. La décision a été prise par le CA de poursuivre les investigations en faveur du transport par pipeline et a aussi demandé à propos de faire une Étude de préfaisabilité. C'est ainsi que le Bureau chilien d'Ingénierie (JRI) a été contacté par SALCO pour la réalisation de cette Étude.

— Au mois de novembre 2005, du 15 au 25 la Direction générale de la SBDT a organisé un voyage d'études au Chili dont l'objet était de permettre aux partenaires de se familiariser avec le système de transport par pipeline.

Au cours de cette mission a eu lieu, une présentation sommaire du projet d'études de préfaisabilité par la Société JRI de Chili.

— Le Conseil d'Administration tenu le 16 février 2006 à Téhéran a pris connaissance des recommandations du comité technique et a suivi avec une attention toute particulière l'exposé des résultats des études faites par la Société SALCO qui démontre que :

a) — L'investissement nécessaire pour le transport par chemin de fer est estimé à environ 885 millions de Dollars US et

b) — celui nécessaire pour le transport par pipeline est de 309 millions dollars US.

Ces résultats sont jugés fiables et crédibles. Ils ont permis d'entériner la mise en œuvre et l'exécution du projet pour éviter les pertes de temps.

La décision a été prise de réaliser le projet des Bauxites de Dabola Tougué dans un délai raisonnable de 2 à 3 ans.

**Pipeline : système de transport de la bauxite**

Ce système est utilisé pour le transport de la bauxite au Brésil par la société CVRD. La Guinée sera le deuxième pays dans le monde à s'en servir et fera de celle-ci un modèle de Développement minier dans le cadre de la diversification des infrastructures de transport. Il est très rentable, génère des revenus substantiels.

Le système de transport par pipeline est très utilisé dans le monde. Il s'applique de nos jours à tous les types de minerais et se réalise par gravitation et prévoit des installations de tuyauterie, un système de pompage de l'eau, une centrale de récupération du minerai avec une station de filtre à pression et un port pour le chargement du minerai.

Le transport de la bauxite par pipeline n'affectera pas l'environnement, pas de difficultés topographiques, pas de goulets d'étranglement au cours du transport, le réseau sera bien surveillé à travers des câbles de fibres optiques et toutes les informations recueillies parviendront au centre de contrôle équipé d'un système informatique très performant.

Le système de transport comme observé par les partenaires de la SBDT et selon l'avis des spécialistes chiliens (JRI) et associés (PSI) ne constitue aucun risque pour l'évacuation de la bauxite de Dogomet à Conakry sur une distance de près de 325 km. La technologie qui est conçue à cet effet sera plus simple que dans le cas du cuivre et moins coûteuse pour sa réalisation.

L'opération consiste à mettre la bauxite en pulpe qui sera transportée par des tuyaux (de 40 cm de diamètre environ) jusqu'au port. La pulpe est constituée de mélange de bauxite broyée (50 %) et de l'eau (50 %).

La quantité d'eau nécessaire pour le transport de cette pulpe est de 4 800 000 m3 par an pour une production de 4 millions de tonnes de bauxite.

Les caractéristiques de la tuyauterie tiennent compte de l'effet de l'usure et le système sera revêtu de couche anticorrosive pour une durée plus longue que le temps de l'exploitation de la mine.

Au port de Conakry, l'eau est récupérée, traitée et mise à disposition pour des fins domestiques ou dans les environs immédiats de la capitale. C'est au niveau du port que les installations de stockage de la bauxite seront aménagées (un hangar couvert de 250 000 tonnes). D'où elle sera reprise, chargée dans les navires de grandes capacités.

**Motivation du choix du pipeline :**

Nombreuses sont les interrogations sur la viabilité du système de transport par pipeline que les Partenaires de la SBDT ont proposé pour l'évacuation du minerai de la mine de Léguétéra dans un premier temps et de l'ensemble des gisements de bauxite des régions de Dabola et de Tougué dans une seconde étape.

Il est évident que la démarche n'a pas été facile, mais ce choix est la résultante de toutes les investigations faites pour la recherche d'une variante optimale de transport qui cadre le mieux avec la réalité de terrain. La Société Iranienne SALCO a mené les études en envisageant toutes les possibilités de transport de la bauxite. Le transport par chemin de fer a été examiné sous 3 options, à savoir :

- Réhabilitation de la voie métrique,
- Le prolongement du chemin de fer de la Compagnie des Bauxites de Kindia, de Débélé à Dogomet sur une longueur de 272 km
- La construction d'une nouvelle voie standard de Conakry – Dogomet (400Km) et
- la participation au projet Trans-Guinéen.

Le coût de réalisation de chacune des options suscitées variait en 2006 de 700 à 890 millions de Dollars US tandis que le coût d'investissement pour la réalisation du système de transport par pipeline était de 350 millions.

En termes de comparaison, le coût du transport d'une tonne de bauxite rendue au port de Conakry était de 7 dollars par le chemin de fer alors qu'il est de 1,5 dollars par pipeline.

Le transport du minerai par pipeline est un système très fiable et a donné de très bons résultats au Chili, au Brésil, en Angleterre, aux États-Unis, en Chine, etc. Des sociétés comme PSI (Pipeline System International, USA) et JRI (Chili) ont la parfaite maîtrise de cette technologie et ont réalisé à travers le monde des exploits considérables dans ce domaine.

**Sources d'approvisionnement en eau**

Construction d'un barrage alimenté par les eaux de ruissellement (eau de pluie), les eaux perdues du barrage de Tinkisso, les eaux des crues du Bafing et des cours d'eau environnants de même que les eaux du tallings dam.

**Apport du système de transport par pipeline au Secteur minier :**

Le choix du pipeline répond à trois critères qui sont d'ordre stratégique ; économique et social.

**Aspect stratégique :**

La bauxite des régions de Dabola et de Tougué est caractérisée par une teneur moyenne en alumine de 47 % (dont 5 à 10 % de bohemite) ; 1,7 % de SiO2. L'extraction de l'alumine dans ce type de bauxite nécessite plus d'énergie pour assurer une température d'attaque de l'ordre de 265 °C par rapport à la bauxite de Boké qui n'a besoin que de 104 °C. La mise sur le marché de ce minerai sera un atout important pour notre politique minière.

**Aspect économique :**

L'activité principale de la société pour cette première phase est la commercialisation de la bauxite brute qui générera un revenu direct auquel pourrait s'ajouter des revenus indirects par la valorisation des produits résiduels de la bauxite.

La réduction drastique du coût de transport du minerai qui sera de 1,5 $ US/tonne par rapport au transport ferroviaire qui est de l'ordre de 7 $ US/tonne.

**Aspect social :**

La région d'implantation de la SBDT est une zone de pauvreté ; la réalisation de ce projet prévoit plus de 1500 emplois indirects et 600 emplois directs en phase de production. La société a déjà contribué à la réalisation de nombreuses infrastructures de base telles que : routes ; ponts ; mosquées ; etc. en faveur des communautés.

**Situation actuelle :**

Le projet en développement s'articule sur trois volets à savoir :

— La Mine dont l'exploitation commencera par le plateau de Léguétéra avec une capacité de 4 millions de tonnes par an.

— Le système de transport retenu est le pipeline qui sera construit sur une distance de 325 km

— Le port d'évacuation de la bauxite sera le Port Autonome de Conakry.

Le coût du projet en 2010 était de 505 millions d'euros dont l'actualisation est en cours à travers une étude de faisabilité bancable. Cette étude traite tous les volets du projet de la SBDT. Les résultats obtenus seront des données certifiées concernant la Mine, le Pipeline, le port et celles relatives aux impacts socio-économiques et environnementaux du projet.

Le rapport bancable sera disponible avant la fin de l'année 2016 et examiné en conseil pour y discuter de toutes les questions liées au démarrage des travaux de construction.

**Le Volet Mine comprend :**

1. Emplacement du site industriel
2. Mine d'extraction du minerai (Léguététra)
3. Installation de concassage et de transport du minerai vers l'usine
4. Usine de traitement et de mise en pulpe
5. Séparation de la bauxite et du taillings
6. Station de pompage
7. Réservoir d'eau
8. Les ateliers de maintenance
9. Source d'énergie
10. Infrastructures de base (Cité, Hôpital, etc.)

Carrière d'extraction de la bauxite

## Schéma de traitement de la bauxite de la Mine au Port

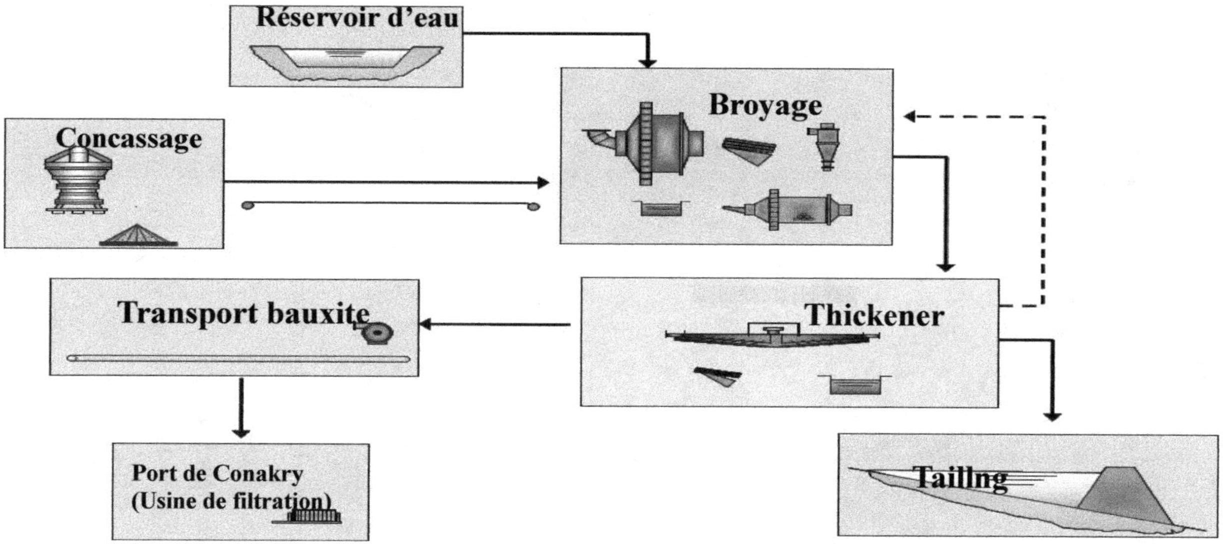

Réservoir d'eau

**Conception :** usine de traitement de minerai

Consultant : NIPEC

**Tracé du pipeline**

Distance du PAC- la mine : 325 km

Travaux effectués :

- Cartographie
- Études environnementales des préfectures traversées (Coyah, Kindia, Mamou et Dabola)
- Tracé de la ligne de pipe a été réalisé :

a) Le long de chemin de fer de Conakry-Coyah

b) En suivant les tuyaux d'adduction d'eau de Coyah-Kindia

c) Le long de la ligne de haute tension, de Kindia — Mamou

d) En utilisant la topographie de la zone de Mamou- la Mine.

Études sismiques, hydrologiques, hydrogéologiques, géotechniques, technologiques et énergétiques de la région.

Détermination des paramètres du pipeline (rhéologies, dimensions, qualité et essai technologique, etc.) et détermination de la quantité d'eau pour l'évacuation de 4 millions de tonnes de minerai.

Tracé du pipeline

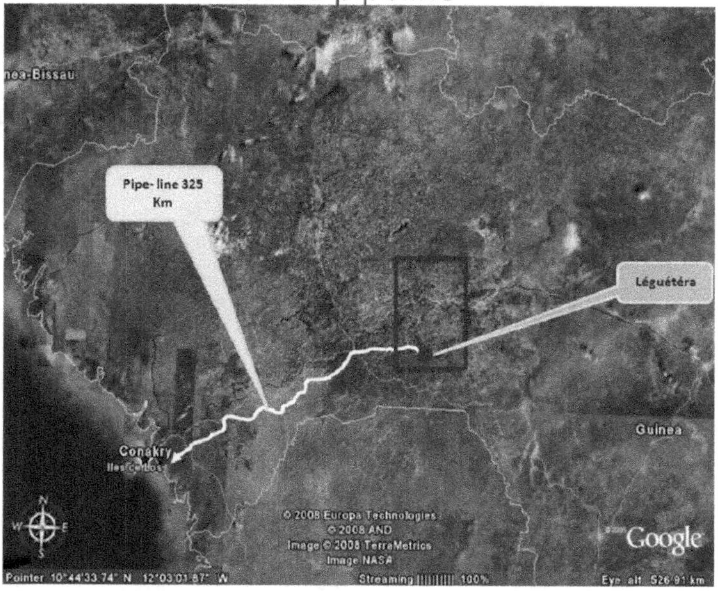


Profil du pipeline

Position des stations de pompage et des valves de réduction de pression

S.B.D.T.

Profil du Pipe-line

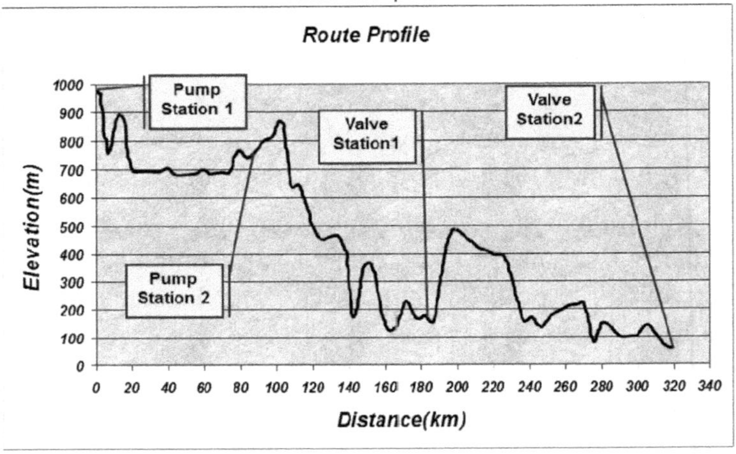


La sismologie de la région indique que le tracé du pipeline est à l'abri des tremblements de terres et autres mouvements tectoniques

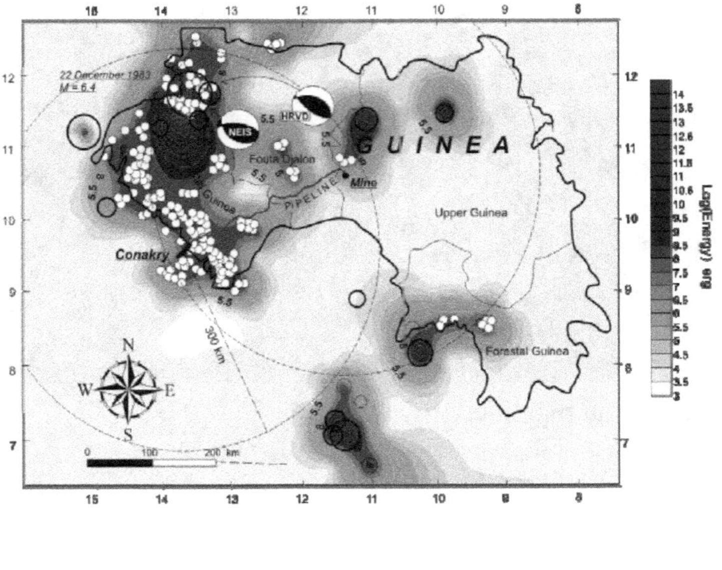

Pose du pipeline

Station de pompage (exemple) PSI

Deux stations de pompage sont prévues à la mine et à 90 km de Leguetéra

Vanes de réduction de pression (exemple) PSI

**Volet : Port autonome de Conakry**

Aménagement du port

- Superficie disponible : 33 hectares
- Besoin SBDT : 20 hectares

Travaux projetés :

- Prolongement de quai
- Installation des équipements portuaires (filtration, centrale électrique,
- Salle de commande, presse hydraulique, réservoirs de décantation)
- Magasin de stockage : 250.000 Tonnes de capacité
- Réservoir de récupération de concentré
- Terminal de chargement de minerai de bauxite
- Dragage du chenal à la profondeur de 13 à 14 m

Zone Est (Espace à aménager)

Conception : centrale de récupération de la bauxite-JRI

Bauxite récupérée (Andriz)

Port : Terminal de chargement
(Conception) – JRI

# CHAPITRE X

## COMPAGNIE DES BAUXITES ET D'ALUMINE DE DIAN-DIAN

### NOTE DE PRÉSENTATION

Les premières études sur les ressources minières de Dian-Dian ont été faites par la Compagnie des Bauxites du Midi en 1948, à la suite desquelles, on note celles effectuées par Alusuisse de 1976-1978 ; de Zarubezgeologia et Vami de 1991-1993, de KAISER Engenering et même de Coyne et Belier de France.

Ces études ont permis d'obtenir des données technico-économiques et financières en faveur d'une exploitation optimale des gisements de Dian-Dian.

De même l'État Guinéen s'est investi à plusieurs reprises dans une dynamique de trouver de potentiels investisseurs pour la mise en valeur de ce grand projet.

C'est ainsi qu'il s'est engagé avec un groupe chinois Asia Aluminuym Industry Ltd et Asia Africa Investissement Ltd en 1998, puis avec la société Rouski Alumini Management de Russie en 2001.

**Convention de base :**

Le Gouvernement de la République de Guinée a signé une convention de concession minière avec la société Rousski Alumini le 21 juillet 2001 à Moscou pour l'exploitation des gisements de bauxite de Dian-Dian.

Le projet Dian-Dian est situé dans la préfecture de Boké à 300 km de la capitale guinéenne (Conakry), 70 km de la ville de Boké et 120 km des côtes maritimes.

Le projet couvre une superficie de 1 170 $km^2$.

Les gisements du groupe Dian-Dian sont constitués de trois plateaux couvrant une superficie totale de 856 $km^2$. Ce sont :

a- Dian-Dian : 203.016.976 de tonnes en réserves prouvées avec une teneur en AL2O3 : 48.3 % ; SiO2 : 1.536 %.

b- Sinthiourou : 259.276.438 de tonnes en réserves prouvées avec une teneur en AL2O3 : 48.0 % ; SiO2 : 1.52 %

c- Ourourbhé : 175 millions de tonnes en réserves prouvées avec une teneur en AL2O3 : 48.1 % ; SiO2 : 1.50 %

Réserves totales prouvées : 637.283.414 de tonnes ;

Réserves estimées : 1.349 millions de tonnes.

La Compagnie des Bauxites de Dian-Dian (COBAD) a été créée en 2002, en lieu et place du Projet intégré de Dian-Dian (PIDD) dont la mise en place remonte à 1997.

Le PIDD avait pour objet l'exploitation et la transformation de la bauxite de Sinthiourou (Aye koye) en alumine dans le nord-ouest de la Guinée.

Le plateau de Sinthiourou avait fait l'objet de signature en 1998, entre la Guinée et la société OFFSET Group des Émirats Arabes Unis qui a causé assez de pertes de temps au développement du projet.

Le coût du projet était de 2 milliards de dollars et envisageait la construction d'un chemin de fer de 117 km, le port à Kanfarandé, une centrale électrique et deux cités.

La capacité de production de la mine était de 10 millions de tonnes de bauxite par an et on y prévoyait la construction d'une raffinerie d'alumine de 800 000 tonnes par an. Les études de l'Institut Vami (1991) ont déterminé 2,5 millions de tonnes de bauxites pour la consommation de l'usine d'alumine locale et 7,5 millions de tonnes destinées à l'exportation.

Le Projet intégré de Dian-Dian a procédé à l'évaluation de l'ensemble des études antérieures concernant la mine, les infrastructures de base et la raffinerie.

Cette volonté de Rusal de transformer notre bauxite sur place était un signal fort en direction d'ALCOA et ALCAN, présents dans notre pays depuis des décennies et n'ayant jamais initié la construction d'une raffinerie d'alumine sur le sol Guinéen.

La COBAD a signé en 2012 avec l'État guinéen l'annexe XI faisant partie intégrante de la convention de base de 2001 liant les parties concernant les nouvelles orientations du projet dans le cadre de son développement.

**Annexe XI de la convention de base**

Le Gouvernement guinéen et la société Rusal ont signé le 28 décembre 2012 à Paris l'ANNEXE XI qui fait partie intégrante de la convention de base de 2001. Le contenu dudit Accord, prévoit l'exploitation des gisements de bauxites de Dian-Dian en quatre phases successives que sont :

- **Phase 1**. (2013- 2015), construction d'une mine de bauxite de capacité de 3 millions de tonnes/an. Au cours de la même période, Rusal va réaliser deux études de faisabilité sur :

- Un projet d'extension de bauxite jusqu'à 9 Mt/an et,

- La construction d'une raffinerie d'une capacité de 1.2 million de tonnes/an.

- **Phase 2 :** Doublement de la capacité initiale à l'horizon 2019

- **Phase 3**. À partir 2019 - construction de la raffinerie d'alumine de 1.2 MT/an avec une augmentation progressive de la production de la bauxite.

- **Phase 4 :** Extension de la raffinerie d'alumine jusqu'à 2,4 MT/an.

- La COBAD a été autorisée par le Gouvernement d'utiliser le chemin de fer de l'ANAIM qui est une propriété de l'État.

- Mise à la disposition de COBAD d'une superficie devant servir à la construction de l'infrastructure portuaire (source Direction du Projet).

**Situation actuelle de la COBAD**

Le groupe de Dian-Dian est constitué par trois importants gisements de bauxites de classe mondiale ; les réserves prouvées sont de 637,3 millions de tonnes de bauxites dont la mise en exploitation tarde encore à se réaliser.

Rusal annonce un investissement de 220 millions de dollars pour la première phase de ce projet dont la plus grosse partie sera aspirée par la construction d'infrastructure ferroviaire et portuaire.

Une nouvelle route d'environ 25 km sera également construite par Rusal pour assurer le transport de la bauxite jusqu'au point de la jonction ferroviaire Kamsar-Boké dans la région de Boké.

Concernant le domaine portuaire pour la construction des infrastructures prévues à Téréssa, dans la sous-préfecture de Kamsar, une superficie de 15 km$^2$ a été octroyée à la COBAD par l'État pour des fins d'aménagement.

Malgré ces quelques avancées en faveur de la mise en œuvre du projet les questions relatives à la traversée de la concession de la CBG par la COBAB et l'utilisation en commun du chemin de fer de l'ANAIM ne sont pas entièrement résolues.

Les problèmes en suspens sont ceux liés à la validation des dépenses des Études de faisabilité de Dian-Dian, à la participation de l'État dans le capital de la nouvelle société et le statut des travailleurs relevant de la coordination du projet.

# CHAPITRE XI

## SOCIETE GUINEA ALUMINA CORPORATION S.A

**Historique :**

La société Guinea Alumina Corporation est titulaire d'une concession minière octroyée par le Gouvernement guinéen, située dans la préfecture de Boké ; dans le nord-ouest de la Guinée pour l'extraction minière des ressources bauxitiques, la construction et l'exploitation d'une raffinerie d'alumine ainsi que les infrastructures.

Le projet fut lancé en 2011 lorsque Global Alumina (auparavant une jeune entreprise minière canadienne cotée en bourse) se vit accorder ladite concession par l'État guinéen.

En 2007, Global Alumina céda une participation majoritaire dans le projet à BHP Billiton (33,33 %), Mubadala (8,33 %) et DUBAL (25 %), tout en conservant une participation de 33,33 %.

BHP Billiton était titulaire d'un contrat de gestion portant sur la direction de la conception, de la mise en œuvre et des activités d'exploitation.

Une Étude de faisabilité bancable (EFB) fut réalisée, en sus de l'approbation de l'Étude d'Impact environnemental et social (EIES) sur la période 2005-2008. Parallèlement, les discussions sur le financement continuaient de progresser avec les différents bailleurs de fonds ayant exprimé leur intérêt dans le projet. Cependant, la crise financière mondiale de 2008 à 2009 vint affecter la capacité et l'intérêt de certains des partenaires à financer leur participation dans le projet.

En dépit de ces difficultés, les partenaires ont continué leurs activités de développement à un rythme plus ralenti.

Ces activités ont porté notamment sur certains aspects d'ordre environnemental et social dans la région du projet

**Acquisition de GAC par EGA :**

En 2013, Mubadala et DUBAL ont procédé à l'acquisition de la totalité des actions dans le projet par l'intermédiaire d'Émiraties Global Aluminium (EGA)

Guinea Alumina Corporation S.A (GAC) est une filiale détenue à 100 % d'Emirates Globa Aluminium (EGA), qui est elle-même détenue à parts égales par Mubadala Development Company et Investment Corporation of Dubaï.

GAC entreprit alors une restructuration du projet par la mise en place d'un plan de développement par étapes, ciblant la date de fin 2019 pour l'exploitation de la bauxite étant donné que la construction d'une raffinerie d'alumine est reportée à une phase ultérieure de développement du projet. GAC travaille à présent sur les études approfondies d'évaluation des infrastructures et de l'activité d'extraction minière pour l'exploitation des ressources en bauxite. La qualité des ressources identifiées répond au standard d'exportation ; ces ressources se situent dans la partie méridionale de la zone de concession minière. GAC projette d'exporter un volume de bauxite de 8 M de tonnes par an (tpa) (sec) à partir de 2019, qui sera porté de 12 à 17 M de tpa (sec) à partir de 2021 et ce, pendant au moins 20 ans en se basant sur les bauxites qui seront extraites des différents plateaux.

**Projet d'échantillonnage de bauxite pour commercialisation :**

Le projet consiste à l'extraction, la préparation et le transport d'échantillons en vrac destinés au marché international. Les négociations avec certains clients chinois potentiels ont permis d'identifier la nécessité de nombreux échantillons de +50 000 tonnes afin que les clients potentiels soient amenés à conclure des contrats de plus long terme requis pour soutenir la mise en place du projet.

Ce projet est intitulé (échantillonnage de bauxite pour commercialisation [EBC] par GAC), dans la perspective de conclure un contrat de prise ferme (off take) de long terme

Cette initiative avec pour objet d'exporter le premier volume de bauxite par le Terminal à Conteneurs de Kamsar (TCK) d'ici le troisième trimestre 2016.

Il est prévu que ces échantillons soient expédiés à des clients potentiels sur une période de 2 à 3 ans, sauf si GAC parvient à conclure des contrats de prise ferme (off take) avant cette échéance, auquel cas l'exportation de ces échantillons cessera, car GAC ne prévoit pas de couvrir les dépenses d'investissement et les coûts d'exploitation de ce minerai en raison des quantités non commerciales de bauxite qui sont exportées dans le cadre de l'EBC.

GAC a fait appel à Environnementales Ressources Management (ERM) pour produire une étude d'impact environnemental et social (EIES) se rapportant au projet.

L'EIES comprendra un Plan d'Engagement des Parties prenantes (PEP) conçu dans le cadre de la phase initiale des études de l'Addendum à l'Étude d'Impact environnemental et social (EIES).

Le PEP est un document donnant des directives sur la gestion et l'enregistrement des interactions entre le projet et les parties prenantes aux différentes étapes de sa conception et de son exécution.

En outre, GAC s'engage à restituer la Route Nationale, N22, dans l'état dans lequel elle était avant l'activité de transport routier, liée au projet d'EBC.

GAC a commandé une étude sur l'État routier concernant le trajet emprunté par les camions entre Tinguilinta et Kamsar et nommera un entrepreneur responsable des travaux de réfection de la voirie.

**Avantages du projet EBC**

La phase d'EBC est un préalable indispensable pour mettre en confiance les actionnaires de GAC que le risque commercial a été géré correctement en amont et peut être considérée comme étant un véritable facteur de progrès pour la Guinée, qui ne dispose qu'une seule mine d'exportation.

Le projet EBC conduira à la création de la deuxième plus importante mine de notre pays, de classe mondiale ; la Guinée produit moins de 7 % de la bauxite mondiale, alors qu'elle dispose de 52 % des ressources du monde.

Par ce biais le projet se traduira par des investissements significatifs, permettant d'améliorer la visibilité de la Guinée et sa perception à l'international ainsi que ses indicateurs commerciaux.

Le projet générera et contribuera à la balance commerciale de la Guinée étant donné que la totalité de la production sera destinée à l'exportation.

Sur le plan de l'emploi et des répercussions bénéfiques pour l'économie locale, le projet conduira à l'intégration de 200 ressortissants guinéens au sein de l'activité de GAC dans le cadre de leurs formations et perfectionnements professionnels aux Émirats Arabes Unis en vue de leur déploiement ultérieur en Guinée ; et la création de plus de 2 200 emplois pendant la phase de construction, dont 700 emplois à durée indéterminée et 1 500 emplois directs.

Une partie du projet concerne le développement du quai commercial du Terminal à Conteneurs de Kamsar (TCK) du Port de Kamsar, qui sera achevé au mois d'avril 2016. Cela dégagera d'autres opportunités régionales, en ce qui concerne par exemple l'exportation de la bauxite et des produits agricoles et l'importation de matériels.

Ce quai peut jouer un rôle de pilier et de catalyseur pour le développement du corridor de Boké comme une solution alternative au port de Conakry actuellement congestionné. (Source : GAC)

# CHAPITRE XII

## SOCIETE ALUFER/GUINEE

### Présentation

La société Alufer /Guinée Filiale Mining Ldt avec des capitaux américains, anglais et sud-africains est présente en Guinée depuis 2014, l'objet de la société est la recherche et l'exploitation de la bauxite. Dans ce cadre elle a bénéficié du Gouvernement Guinéen trois permis de recherches de bauxite à Labé-Pita, Kindia et à Boffa. Au terme d'intenses travaux de terrain, Alufer a mis en évidence d'importantes ressources minérales de bauxites à Labé - Pita (plus d'un milliard de tonnes) et à Boffa (plus de 546 millions de tonnes) ; la bauxite de Kindia ne présentant pas un intérêt économique a fait retour au portefeuille de l'État.

En raison des atouts qu'offrent les dépôts de bauxite de Boffa, notamment leur faible localisation par rapport aux différents sites d'évacuation de cap-Verga (15 km au maximum), Alufer /Guinée s'est focalisée sur le gisement de Bel-Air dont les réserves sont de 246 millions de tonnes de minerais, couvrant une superficie de 417 km$^2$, écartelées entre les sous-préfectures de Douprou, Tougnifili et de Mankountan.

### Permis d'exploitation et convention

Après l'approbation par le gouvernement Guinéen des différentes Études de Faisabilité économiques, techniques, d'Impacts environnemental et social, ainsi que d'un plan de gestion environnementale, un permis d'exploitation a été accordé à la Société Alufer/Guinée. À cet effet et conformément aux dispositions du Code minier la Société Bel-Air Mining a été créée pour l'exploitation de ce gisement sus-cité au sein de laquelle l'État détient 15 % au titre de la participation non contributive au capital social et la Société Alufer-Mining Limited les 85 %. Le premier février 2016, il a été établi entre les deux actionnaires une Convention minière d'une durée de 15 ans comportant une répartition des revenus générés de 75 % pour l'Etat et 25 % pour Alufer Mining Ldt. Cette convention est en cours de ratification au niveau de l'Assemblée nationale. La société Bel-Air Mining s'est engagée à construire dans un délai de 18 mois son projet d'exploitation et compte démarrer les travaux deux ans après la ratification de la convention avec à la clef :

- La création de 3500 emplois (directs et indirects)
- L'impulsion du développement durable des communautés environnantes pendant et après la fermeture de la mine.

**Production envisagée**

La production envisagée est de 10millions de tonnes/an avec une production initiale de 5,5 millions dans les cinq premières années. Le coût du projet est de 184 millions de dollars. Le projet porte sur l'exploitation de la bauxite de Bel-Air, le transport sera assuré par camion d'une capacité de 60 tonnes, sur une distance maximale de 15 km. Le minerai sera expédié par voie maritime, à travers les Barges de 6 500 tonnes pour rejoindre un point de transbordement comportant un bassin et deux grues flottantes pour charger les navires de types capasize et panamax ayant une capacité de 80 mille à 150 mille tonnes. Ce qui nécessite la réalisation des infrastructures portuaires notamment un quai et une jetée de 1 km 100, etc.

**Impact socio-économique**

Bel-Air Mining a également élaboré un plan de développement communautaire afin de faire bénéficier les populations locales concernées par les retombées de l'exploitation minière. Dans ce cas, elle s'est très tôt dotée d'un Département en charge du développement et des relations communautaires dont la mission essentielle est de promouvoir les relations entre les partenaires et la population. Ce Département se déploiera à travailler avec les jeunes, les hommes, les femmes, les associations et les partenaires au développement pour concevoir et évaluer les projets et programmes de développements en accord avec la politique de la société et conformément au plan de développement élaboré par les Autorités locales. Toutes choses qui visent à améliorer les conditions de vie des populations à travers la formation et les réalisations socio-économiques dans la dynamique de participer à la réduction de la pauvreté dans la région (source : Direction du Projet).

# CHAPITRE XIII

## RIO-TINTO-SIMFER

La société Rio Tinto de renommée mondiale est intéressée par la mise en exploitation des gisements de fer en République de Guinée dans le sud-est du pays, précisément dans les régions de Kérouané et Beyla.

**Connaissance de Rio Tinto :**

Rio Tinto est un groupe minier multinational Anglo-Australien implanté en Australie où se trouve l'un de ses sièges sociaux et en Amérique du Nord. (Wikipédia). Le groupe est présent dans de nombreux pays sur les cinq (5) continents, mais ses actifs miniers se concentrent principalement en Australie et au Canada. Il détient des actifs miniers de 81 milliards de dollars à travers un réseau complexe d'entreprises et filiales. Depuis le rachat d'Alcan et la création de Rio-Tinto Alcan, l'aluminium constitue la première activité du groupe en volume ; il a généré environ 40 % de chiffres d'affaires en 2008. Le fer représente quant à lui 28 % du chiffre d'affaires et Rio-Tinto est avec BHP-Billiton et Vale l'un des trois groupes qui dominent le marché mondial sur ce minerai. Parmi les autres domaines d'activités du groupe figurent notamment le charbon et le cuivre.

**Activités du groupe minier multinational** : elles s'étendent sur l'aluminium, le fer, le charbon, le cuivre, l'or, le molybdène, le diamant, l'uranium, le titane, les borates, le sel, le talc, etc.

**Filiales :** sont connues les filiales Rio-Tinto fer et titane sous le nom QIT- Fer et Titan

**Poids économique :**

Ses actifs principaux se trouvent en Australie (minerais de fer, charbon, aluminium), aux États-Unis (cuivre, charbon), au Canada (Aluminium et autres) en Amérique latine et en Afrique du Sud. En 2009, Rio-Tinto était réputée être la quatrième société minière au monde avec un capital de 34 milliards de dollars et le groupe a été répertorié en 2008 par le magazine *Fortune* à la 263$^{ème}$ place dans le classement mondial des plus grandes entreprises Fortune global 500[6]. Comme beaucoup de grandes sociétés minières, le groupe Rio-Tinto a grandi à travers des sociétés de fusion-acquisition. C'est ainsi qu'en 2007 il est devenu le numéro un mondial en rachetant le producteur canadien Alcan pour 38,1 milliards de dollars US devant le russe Rusal et l'américain Alcoa. La nouvelle entité a pris le nom de Rio-Tinto Alcan.

En 2009, Rio-Tinto tente d'obtenir la participation financière de Chinalco dans le but de respecter ses obligations financières, dont le remboursement de 9 milliards de dollars US de dettes vers la fin de l'année 2009. Elle a vendu ses actifs à Vale pour améliorer sa situation financière. À la même année, Chinalco décide d'investir 19,5 milliards de dollars US dans Rio-Tinto (février 2009). En juin 2009 Rio-Tinto a préféré obtenir du financement auprès du marché public, tout en signant un partenariat avec BHP-Billiton, déclassant Chinalco dans le processus.

En août 2010, une nouvelle société Alcan EP est créée, regroupant l'activité des produits usinés, c'est-à-dire les anciennes activités de Pechiney dans les produits usinés en Aluminium.

**Cadre d'investissement et structure du projet :**

Le cadre d'investissement du Projet Simandou convenu entre le Gouvernement de la République de Guinée et les partenaires du Projet est officiellement entré en vigueur le 18 avril 2014. Il constitue la base légale et commerciale pour les investissements dans le développement de Simandou et des infrastructures ferroviaires et portuaires associées. Rio-Tinto a déposé l'Étude de Faisabilité auprès du Gouvernement guinéen, franchissant une étape vers la mise en production du plus grand gisement de fer encore inexploité (2 milliards de tonnes). Simfer, la coentreprise entre le géant minier Anglo-Australien (46 %) et ses partenaires (le consortium Chalco 41,3 %) le Gouvernement Guinéen 7,5 % et la Société Financière Internationale 4,6 %) n'a pas communiqué le montant de l'investissement nécessaire qui approcherait les 20 milliards de dollars US.

Rio-Tinto entend développer Simandou malgré sa dépréciation d'actifs sur le plus grand gisement de fer inexploité du monde.

Après avoir déprécié de plus d'un milliard de Dollars, la valeur comptable de son gisement Guinéen en raison de la chute des prix du minerai de fer, Rio-Tinto veut rassurer sur le calendrier de développement de ce projet. La Minière finalise actuellement l'étude de faisabilité bancable attendue au mois de mai des Infrastructures, la mine, le chemin de fer de 650 km et le port en eau profonde du projet Simandou sud tandis que l'avenir des deux blocs situés au nord du gisement reste incertain. Situé au centre de la Guinée, le gisement de fer du Simandou est le 6$^{ème}$ plus important au monde et le premier encore inexploité. À terme, le site devrait produire une centaine de millions de tonnes de minerais de haute teneur en fer (65 % Fe) par an et générer un chiffre d'affaires de 7,5 milliards de dollars US selon les estimations effectuées par Rio-Tinto (2014). Il pourrait propulser la croissance guinéenne en tête du classement mondial et la durée de vie du gisement est de plus de 40 ans. Mais pour cela, il faudrait les financements nécessaires et les investisseurs sont réticents sur un marché en grave surcapacité.

Le groupe minier a perdu 866 millions de dollars US en raison de la chute du prix du minerai de fer. Il s'est engagé dans une réduction des coûts d'investissement et a renoncé à maintenir le niveau de ses dividendes. La Société Financière internationale (SFI groupe Banque mondiale) partenaire de Rio-Tinto dans Simandou, réaffirme son soutien en ces termes : « La SFI continue d'appuyer pleinement le travail en cours sur le projet, y compris l'étude de faisabilité bancable et les initiatives relatives au contenu local pour le soutien à l'emploi et aux fournisseurs Guinéens. Simandou est un gisement de minerai de fer de classe mondiale à faible coût, avec un potentiel économique important pour la Guinée et nous attendons avec intérêt de travailler avec le Gouvernement Guinéen et nos autres partenaires de Simandou pour son développement ». Les autres partenaires de Rio-Tinto sont la République de Guinée et Aluminium Corporation of China (Chinalco), selon Myrtille Delamarche. À travers des dispositions relatives à l'utilisation des infrastructures par des tiers, ainsi que l'obligation de l'État d'institutionnaliser des structures pour appuyer des investissements à intensité capitalistique élevée, le cadre d'investissement soutient les objectifs stratégiques de l'État en ce qui concerne le développement des ressources minières et de l'économie du pays.

Le cadre d'investissement est composé de deux conventions ratifiées chacune ayant force de loi et couvrant à la fois le projet minier de Simandou et le projet d'infrastructure. Les deux conventions régissent entre autres, les relations entre Simfer SA, le Propriétaire de l'infrastructure, l'Operateur de l'infrastructure, et l'État. La convention BOT (Build Operate, Transfer ou construction Exploitation et Transfert) établit la base légale et commerciale sur laquelle les infrastructures ferroviaires et portuaires du projet seront construites, et finalement transférées à l'État 30 ans après le début du transport du minerai de fer. La convention de base amendée et consolidée se consacre sur les aspects légaux et commerciaux des investissements pour le développement de la mine. Le projet Simandou sera structuré en deux entités distinctes pour les activités minières (Simfer, également appelée Mineco) et les activités d'infrastructures (également appelées Infraco, qui regroupe le propriétaire des infrastructures et l'opérateur des infrastructures).

# CHAPITRE XIV

## RELANCE DU SECTEUR MINIER GUINÉEN

Le Secteur minier guinéen se trouve dans un contexte bien connu, jugé actuellement inadapté au regard des efforts consentis pour son développement. Cette situation doit changer pour la simple raison que les besoins économiques du pays sont loin d'être satisfaits. On note également l'existence dans le pays d'importants potentiels miniers et énergétiques dont les niveaux d'évaluation et de mise en valeur sont très faibles, et n'ayant pas encore donné les impacts escomptés sur la vie de la nation. La relance de ce secteur est une nécessité intégrant un apport de solutions aux anomalies qui ont contribué au blocage de la mise en place d'une industrie minière.

Cette relance a pour objet d'imprimer au secteur une nouvelle dynamique de développement, en cernant les facteurs exogènes et endogènes ayant contribué au ralentissement de l'économie du pays. La reprise des activités prendra en considération tous les aspects devant aboutir à l'amélioration des revenus du secteur et surtout celle de la gestion rationnelle des ressources minières. C'est aussi une manière de répondre à de nombreuses interrogations sur le devenir du Secteur minier et tenter à propos d'assurer une bonne reprise de l'économie nationale. Cette démarche ne sera pas simple, mais par son caractère innovent, ouvrira des meilleures perspectives pour la mise en place d'une industrie minière, par le biais d'échanges d'expériences et de savoir-faire des spécialistes, en faveur d'un développement durable.

**Facteurs exogènes :**

Ces facteurs sont externes au Secteur minier et entravent souvent l'accès de la Guinée au marché mondial des substances minérales. On peut noter parmi ces facteurs le manque de ressources financières et des infrastructures de base qui rendent difficile la recherche d'une dynamique d'exploitation rationnelle des ressources. Malgré tous ces faits la Guinée est restée ouverte et disponible à coopérer avec tous les investisseurs intéressés à son développement et participe depuis 1973 à pourvoir la filière de la bauxite en matières premières et au marché de l'or et du diamant.

Cette présence sur le marché mondial peut être un atout pour créer les moyens favorables à la mise en place progressive dans le pays d'une raffinerie d'Alumine à court terme et à moyen terme d'une fonderie d'Aluminium.

**Évaluation du marché mondial de la bauxite**

D'un point de vue historique, le marché mondial de la bauxite se répartit autour de deux marchés, à savoir le bassin atlantique et celui du pacifique. Seulement un faible volume de bauxite est échangé entre les deux marchés en raison des coûts de transport et de la concentration d'un petit nombre de producteurs intégrés dans chacun des deux bassins. Dans le bassin atlantique, les principaux consommateurs de bauxite sont les raffineries contrôlées par RTA, Alcoa, South 32 et Norsk Hydro. La taille du marché du bassin atlantique est de 76 Mtpa.

D'après les prévisions, la hausse de la demande annuelle dans ce bassin restera quasiment stable à environ 1 % en raison du fait que la hausse de la capacité/demande d'alumine se reportera progressivement vers l'Est, la Chine devenant un producteur d'alumine et d'aluminium toujours plus dominant. En général, le marché du bassin atlantique est considéré comme étant autosuffisant et contrôlé par les mêmes acteurs. Dans le bassin pacifique, les principaux consommateurs de bauxite sont l'Australie et la Chine. La taille du marché pacifique est de 219 M de tonnes dont environ 32 % sont entièrement intégrés et les 68 % restants échangés. La plupart des raffineries australiennes sont entièrement intégrées (principalement Alcoa, South32 et RTA) disposant de leurs propres mines d'extraction de bauxite (70 % de la production).

La Chine compte de manière considérable sur la bauxite échangée, tant celle importée et que celle négociée au niveau national. Bien qu'un certain nombre de raffineries chinoises semblent être liées aux mines existantes, on estime qu'une partie importante de ces liens résultent de liens commerciaux historiques et non pas d'un contrôle direct dans le capital des mines en question. La Chine a, à elle seule, a importé près de 40 Mt de bauxite en 2011 et 2012, et 71 Mt de bauxite en 2013 avant l'interdiction d'exportation de la bauxite édictée par le Gouvernement indonésien.

Pour que la Guinée puisse pénétrer ces marchés asiatiques et indiens à des coûts rentables et compétitifs, il sera nécessaire d'ouvrir une nouvelle route maritime reliant la Guinée au Moyen-Orient, à l'Inde, et à l'Asie en utilisant des navires Capesize. Au cours des dix prochaines années, la hausse de la demande mondiale d'alumine de qualité métallurgique devrait venir principalement de la chine, du Moyen-Orient et dans une moindre mesure des autres régions asiatiques. L'Asie, prise dans son ensemble, apparaît comme le premier centre de la demande qui tirera la croissance du secteur de l'alumine, à la différence des économies matures d'Europe et des États-Unis d'Amérique.

D'ici 2023, les estimations prévoient que la demande mondiale d'alumine de qualité métallurgique s'établira à environ à 150 Mtpa, soit un taux de croissance composé annuel (TCCA) de 4,3 % par rapport aux niveaux enregistrés en 2013 dans le secteur de l'alumine. Les nouvelles capacités et les expansions des sites existants prévus en Arabie Saoudite, dans les Émirats Arabes Unis (par EGA), en Oman et en Iran propulseront le Moyen-Orient au rang de la région à la plus rapide progression à l'horizon 2023. La demande dans cette région devrait augmenter à 16,2 Mt en 2023, soit un taux de croissance composé annuel (TCCA) de 6,9 % par rapport au niveau de la demande enregistrée en 2013.

La hausse de la demande de la Chine sur la même période correspondante devrait rester forte, avec un taux de croissance composé annuel (TCCA) de 5,2 % à 79,5 Mt entre 2013 et 2023. Dans l'ensemble, la croissance du marché de l'Alumine se traduira par une hausse solide de la demande de bauxite sachant qu'il est prévu que la consommation mondiale de bauxite pour la production d'alumine de qualité métallurgique atteigne 367 Mtpa d'ici 2023, soit une augmentation nette de 114 Mtpa par rapport au niveau de 2013 d'après les données fournies par le CRU (2014) et mentionnées par GAC en 2016. Au regard de la capacité globale des mines exploitées à ce jour, un écart important devrait se créer au niveau de l'offre sur le marché mondial de la bauxite.

En effet, la demande mondiale devrait atteindre 394 Mtpa par rapport aux niveaux de 2014 de 277 Mtpa, soit un taux de croissance composé annuel (TCCA) de 3,6 %. (Source : CRU [2014] Bauxite et Alumina Long Terme Market Outlook).

**Vocation industrielle de la Guinée :**

La Guinée est reconnue comme étant un pays à vocation industrielle et pratique diverses activités minières dont les principales sont orientées dans la production de la bauxite, de l'or et du diamant. La forte demande des ressources bauxitiques pour les dix prochaines années est une opportunité à saisir pour donner au Secteur minier, un véritable élan de développement. Il s'agit de satisfaire les demandes de l'économie mondiale en matières premières de qualité. Pour répondre à cette éventualité, les sociétés SBDT, COBAD, Alufer Guinée, EGA, sont à même de combler les besoins des raffineries en bauxite. Ces projets de renommées internationales vont constituer dans le futur la base de l'industrie minière en Guinée ; ils participeront à améliorer le niveau de production actuelle et même envisager de doubler celle-ci au seuil de l'année 2020.

L'analyse faite sur chacun des mégaprojets cités ci-dessus montre que l'objectif principal de chaque société est de réussir à court terme la construction d'une raffinerie d'alumine, en créant toutes les conditions nécessaires pour aboutir à l'aluminium en seconde phase, conformément aux différentes conventions signées avec la Guinée. La dynamique globale de la relance du Secteur minier doit tenir compte du fait que l'objectif est d'explorer tous les moyens pour éviter à la Guinée de continuer à jouer le rôle de fournisseur perpétuel de matières premières aux multinationales de l'aluminium à des prix dérisoires. Certes, la Guinée nourrit l'ambition légitime de réaliser une industrie intégrée de la bauxite à l'aluminium, mais elle trouve sur le chemin une certaine résistance de la part des multinationales contrôlant toute la filière. Elle est victime d'un système discriminatoire de partage international de la production qui limite souvent les marges de manœuvre de l'État. Cette volonté politique de l'État si elle est résolument exprimée, peut être un puissant levier capable de faire fléchir les multinationales.

La Guinée a déjà intégré le marché mondial de la bauxite en 1973 à travers la Compagnie des Bauxites de Guinée (CBG), elle doit maintenant innover des stratégies lui permettant de maîtriser le mécanisme de l'offre et de la demande des ressources minérales.

Elle doit associer à cette stratégie un volet renforcé de la coopération bilatérale avec les pays ayant une expertise technique et une capacité financière qui sont souvent intéressés à prendre part à la valorisation des ressources. On pourrait par expérience à travers une telle coopération donner une réponse rassurante pour un développement rapide d'une industrie minière.

Il est temps de trouver une solution existentielle pour l'avènement de celle-ci qui passe obligatoirement par la réalisation des infrastructures hydro-électriques tant nécessaires pour la diversification de l'agriculture et pour toutes autres industries naissantes

La remarque fondamentale faite du Secteur minier est ce paradoxe que constitue le cas particulier de la Guinée détenant les meilleurs atouts favorables à la réalisation d'une industrie intégrée et qui ne parvient pas encore à l'obtenir.

La nécessité de posséder une industrie intégrée de la bauxite est maintenant perçue comme une priorité pour ce pays dans les dix prochaines années.

L'analyse de la situation de la production mondiale et de l'utilisation de celle-ci dans les industries de transformation prouve à suffisance que la bauxite de Guinée a une importance de premier rang à cause de la qualité et des conditions avantageuses de son traitement. En plus, il y a lieu de noter que toutes les raffineries utilisant cette bauxite sont généralement vieillissantes d'où la nécessité de penser au futur de cette industrie. Le fait de l'éloignement de la matière première par rapport aux différentes usines, peut donner l'espoir aux exportateurs de formaliser en douceur le transfert des raffineries et des fonderies tout près des sites d'exploitation des ressources.

La Guinée doit se préparer à cet exercice, car les multinationales sont très attachées à la rentabilité économique des produits finis et sont enclines à maintenir les pays exportateurs de bauxite dans leur position initiale de pourvoyeur de matières premières.

Aussi l'insertion progressive des pays producteurs de matières premières a permis à ceux-ci d'acquérir la maîtrise du mécanisme de l'offre et de la demande, du coût de revient pour chaque activité de production. Une hausse positive des coûts de production pourrait encourager l'installation des industries naissantes près des ressources qui connaissent aujourd'hui une baisse progressive en teneur qui est de 51 % en $Al_2O_3$ dans le nord-ouest de la Guinée. De nouvelles stratégies se bâtiront autour du potentiel bauxitique de la Guinée qui demeure la meilleure au monde. Pour réussir une telle démarche, la Guinée doit avec responsabilité faire face à un développement rapide du potentiel hydro-électrique du pays. Cette industrialisation souhaitée se fera par étape, en saisissant toutes les opportunités qui s'offriront à la Guinée dont l'avenir industriel est certain et diversifié. Il faudra retenir que dans une économie en pleine mutation, on peut souvent connaître des fluctuations qui sont gérées à l'interne à travers les mécanismes de régulations et en fonction des intérêts des différents acteurs.

Le cas spécifique du gisement de fer du Simandou est illustratif, mais qu'à cela ne tienne, le défi sera relevé et les stratégies adaptées seront trouvées pour le bien-être socio-économique du pays et des communautés environnantes. En attendant la réalisation de ce grand projet dont l'investissement est environ de 20 milliards de dollars, on peut suggérer à l'Administration guinéenne qu'il est possible d'envisager l'exploitation des gisements de petites tailles en bordure de l'océan Atlantique à des coûts moins onéreux.

De même, la commercialisation de l'or et du diamant donnerait à la Guinée un essor économique fiable soutenu par une croissance durable en revenus ; tout en gardant en mémoire qu'il est important pour le pays d'être présent aussi sur le marché du Fer.

**Facteurs endogènes :**

La maîtrise des facteurs endogènes permet d'identifier toutes les opportunités manquées pour le développement des projets dans le but de trouver les voies et moyens pour renforcer la gouvernance dans le Secteur minier. Le niveau de l'exploration des ressources, de la commercialisation, de la production et des revenus perçus par l'État prouve à suffisance que le chemin déjà parcouru engendre quelques difficultés qui sont généralement d'ordre administratif, financier et technique.

L'Administration minière s'emploie ardemment à les résoudre suivant les moyens disponibles, mais dans certains cas elle est limitée dans cet exercice par la complexité des problèmes dont les solutions demandent souvent une expertise de haut niveau technique ou un appui financier extérieur. Elle gère l'ensemble des activités du Secteur minier dans le cadre des prérogatives qui lui sont conférées par la Loi minière tout en gardant de vue la transparence et la bonne gouvernance dans la gestion des ressources.

Malgré cette volonté politique de mener à terme tous les programmes de développement en cours d'exécution dans le pays, il existe des anomalies constatées au cours de la mise en œuvre des projets et des mégaprojets susceptibles d'être partagés avec tous les acteurs évoluant dans le secteur.

Ceci pour éviter dans le futur la répétition de telles erreurs qui ont porté des préjudices sur le développement de certains projets et engendré d'énormes pertes financières et de temps.

**Opportunités manquées :**

On peut souligner que tous les mégaprojets du pays sont généralement confrontés à des problèmes d'infrastructures de transport et du port d'évacuation constituant souvent un handicap majeur. Les mégaprojets concernés par ce cas sont la SBDT, GAC, COBAD, Alufer, Bellzone et RioTinto évoluant en Guinée depuis quelques décennies, et qui peinent encore à se développer. Qu'à cela ne tienne, des efforts ont été déployés dans un passé récent par ces mégaprojets pour résoudre dans chaque cas cet épineux problème de transport et d'évacuation du minerai. Ces sociétés citées plus haut ont effectivement produit des études de faisabilité sur la base desquelles elles devraient réaliser les différentes infrastructures, qui dans certains cas ont eu l'aval du Gouvernement.

Par exemple, la SBDT a tenté en vain la réhabilitation du chemin de fer Niger et à la participation à la construction du Trans-Guinéen qui tarde jusqu'à présent à se réaliser. Elle a engagé près de 10 ans de discussion pour aboutir en 2015 à un accord l'autorisant à utiliser le système de pipeline comme moyen de transport ; ce projet a été entièrement préfinancé et la société était prête à entrer en production en 2015. Cette opportunité a été aussi manquée par l'Administration minière d'alors et cela contre la volonté de la société.

C'est dans le même cas de figure que la société COBAD avait déployé sans succès tous les efforts pour réaliser le chemin de fer du site industriel au port de Kanfarandé sur une distance de 120 km dans la région de Boké et a fini par obtenir en 2015 un accord pour l'utilisation en commun du chemin de fer de l'ANAIM avec la CBG et GAC.

Le manque de réalisme dans les prises de décisions a entraîné des pertes de temps pour presque tous les mégaprojets et n'a pas aussi permis à la Société Bellzone évoluant dans le corridor central de la Guinée de construire son chemin de fer. On note que la Société GAC contre toute attente vient d'annoncer sa décision de mettre 250 000 à 300 000 tonnes de bauxite par an sur le marché en 2016 en optant pour le transport routier sur une distance de 87 km ; cette position suscite beaucoup d'interrogations sur le système de transport de sa production (voir le chapitre XI). Ces exemples sont réellement suffisants pour comprendre la nature des problèmes auxquels sont confrontés les projets miniers.

Ces mégaprojets ont besoin de soutien de la part de l'Administration minière en leur assurant un environnement favorable à l'exécution correcte des projets. Une bonne collaboration technique et d'échanges d'expériences professionnelles peuvent faciliter la réalisation rapide des programmes de développements en évitant des pertes de temps qui sont préjudiciables au délai d'exécution des travaux et rendant difficile l'obtention du financement.

**Sécurisation des investissements :**

Ce facteur est un gage certain pour la réussite de tout programme de développement et sans investissement il n'y aura point de réalisation économique.

C'est pourquoi l'Administration minière doit en faire une des priorités et prendre toutes les dispositions pour faire de la sécurisation des investissements un facteur rigoureusement observé en faveur des projets et conventions miniers. Il est souvent constaté et de manière sporadique des interférences dans la mise en œuvre des projets pour créer à ceux-ci des situations insoutenables qui sont généralement en contradiction avec la Loi minière. La Société SIDEM sa (Société Internationale pour le Développement Minier) en a payé les frais d'une telle injustice en 1997 et ladite société a été remise gracieusement par l'Autorité d'alors pour satisfaire une sollicitation de la famille présidentielle. Cette Société fut la première société privée en Guinée qui a évolué avec 34 Experts étrangers et près de 200 travailleurs pour la recherche de l'or et du Diamant dans la préfecture de Kankan. La société a pu mettre en évidence cinq (5) tonnes d'Or et trois millions de carats de diamant suite à un travail de haut niveau professionnel soutenu par 86 engins de mines importés pour la circonstance. C'est en phase de mise en production de ce projet que les actionnaires guinéens ont été dépossédés et cet acte de désolation restera longtemps gravé dans la mémoire des hommes de ce métier de géo-mineurs. Un autre exemple concerne la SBDT qui était visée par un retrait des permis de la société et cette lettre a été transmise au ministre des Mines et de la Géologie par la Primature pour exécution. La réponse du ministre d'alors a été sans équivoque dans laquelle mention a été faite que la SBDT est détentrice d'une convention minière, ratifiée promulguée et exécutée comme Loi de l'État.

Ces deux exemples prouvent à suffisance que les investissements sont à sécuriser dans le cadre d'un strict respect des engagements pris par l'État à travers les Conventions et les dispositions de la Loi minière.

C'est à ce prix que la Guinée pourra conquérir la confiance de nombreux investisseurs pour assurer au pays un développement économique certain.

**Défis à relever :**

Ils sont très nombreux ces défis au regard de la situation particulière caractérisée par l'immobilisme du Secteur minier à travers les Directions Nationales de la Géologie et des Mines, les Géo-services et le Laboratoire National.

Il est question de les remettre au travail pour le bien de l'économie nationale qui dans un passé récent a bénéficié d'un appui total de ces Directions techniques en donnant pleine satisfaction à la recherche minière, dans les travaux géotechniques avec l'apport d'un laboratoire performant d'autrefois.

**Reprise des activités d'exploration**

La priorité de nos jours est d'explorer toutes les pistes devant mener à une solution idoine pour permettre au Secteur minier de retrouver son dynamisme du passé. C'est dire que l'Administration minière est encore sollicitée dans un contexte économique difficile, pour trouver une solution à cet épineux problème, certainement par le biais de la coopération bilatérale entre la Guinée et les pays ayant l'expertise dans ce domaine, disposés à lui accorder l'appui financier et technique nécessaire. À propos, le principe d'une telle collaboration est acquis et la poursuite des négociations permettra l'élaboration d'un programme d'intervention dans le Secteur minier en y apportant une nouvelle dynamique de renforcement des capacités. Sur la base d'un protocole d'accord la Direction Nationale de la Géologie sera mise dans les conditions d'exercer le rôle qui lui est dévolu. En plus des activités de recherche, de cartographie et d'inventaire de substances minérales, le pays bénéficiera d'un appui technique qui prévoit la construction d'un laboratoire de référence, la formation des cadres et des échanges de spécialistes dans tous les domaines miniers avec un transfert de technologie.

Cet accord bilatéral se veut très rassurant, car il vise la valorisation des ressources du pays qui pourrait intéresser de nombreux investisseurs à travers le monde des affaires. C'est aussi une manière de participer en amont à l'amélioration du travail des Directions techniques en charge de la gestion du Cadastre.

**Cas des permis d'exploitation :**

Il y a lieu de s'intéresser dans le cadre de la relance du Secteur minier aux différents projets titulaires de permis d'exploitation n'ayant malheureusement pas atteint la phase de production ; il s'agit dans ce cas une opportunité également manquée pour le pays placé dans un besoin crucial de développement de ses ressources. Ces permis seront certainement revalorisés dans le cadre d'un accord de partenariat entre de nouveaux investisseurs et les sociétés placées dans une telle posture ; cette mesure de flexibilité permettra à l'Autorité d'impulser dans le secteur une dynamique de développement et ainsi sera comblé le retard pris dans la production industrielle de l'or et du diamant.

**Cas spécifique de la mine artisanale :**

Cette activité constitue aujourd'hui une préoccupation majeure de l'Administration minière, parce que directement concernée par ce cas spécifique engageant une importante partie de la population rurale du pays dans une exploitation artisanale de l'Or et du Diamant avec tous les risques liés à un tel exercice. Il y a lieu de développer pour la mine artisanale et la mine à petite échelle une stratégie d'identification des bonnes pratiques sur le terrain et de consolidation des moyens d'existence durable au sein des communautés.

L'auteur de ce livre s'est largement consacré à un tel exercice dans le but de donner une meilleure connaissance sur l'exploitation artisanale en Guinée. (Voir l'Exploitation artisanale).

**Gouvernance du Secteur minier :**

Elle s'exerce sous l'entière responsabilité du ministre des Mines et de la Géologie à travers une Administration minière chargée de l'application de la politique minière prise en compte dans la Loi minière et portant Code minier.

Les résultats obtenus des investigations sur la gestion des ressources minières du pays et les difficultés liées à la mise en œuvre des projets et conventions miniers placent la gouvernance du Secteur minier au centre de nombreuses interrogations qui méritent d'être élucidées.

En plus de l'immobilisme des Services techniques, tous les efforts de développement déployés sont restés vains. Par exemple sur la période d'une vingtaine d'années la Guinée n'a pu réaliser que trois mines pour l'exploitation de l'Or (la SAG ; la SMD et la Sémafo en arrêt depuis 2012) ; et une mine de Bauxite exploitée par la société SMB en 2015. Les projets de recherches les plus avancés sont titulaires de permis d'exploitation et à date aucun mégaprojet n'est en phase de production.

**Ressources humaines et le Secteur minier**

Le Secteur minier est avant tout technique et on note en plus de son riche potentiel, regorge des cadres de haut niveau de qualification formés aussi bien en Guinée qu'à l'extérieur du pays parmi lesquels on retrouve :

– Des Docteurs ès sciences techniques détenteurs d'un Doctorat de 3$^{e}$ cycle et d'un Doctorat Ph. D formés en URSS, en Bulgarie, en France, aux USA, en Roumanie, au Maroc, en Pologne et en Yougoslavie, etc.

- Des Ingénieurs géologues, miniers et métallurgistes Guinéens ayant fait des stages de formation en France, au Maroc, en Allemagne, en Russie et en Pologne, etc.

- Des Ingénieurs mécaniciens, économistes, financiers, juristes, comptables qui constituent un appui technique aux activités des Géo-mineurs ;

- Des aide -Ingénieurs et ouvriers qualifiés.

C'est dire que le Secteur minier est à même de répondre aux préoccupations actuelles des nouvelles autorités en ce qui concerne la disponibilité des ressources humaines nécessaires pour son développement.

**Administration minière :**

Au cours de ces dernières années l'Administration minière a évolué dans les conditions très difficiles ce qui de facto a entraîné un dérapage dans la conduite de la mission dévolue au Ministère avec pour conséquence la perte des opportunités signalées plus haut et tant d'autres. On a assisté également à des restructurations qui n'ont pas donné des effets escomptés, ayant occasionné le dépouillement des Directions Nationales de la Géologie et des Mines ainsi que des Directions régionales de l'essentiel de leurs prérogatives au profit d'autres structures, entraînant des conflits de compétence.

À ces difficultés, il faut ajouter :

Le manque de plan de carrière des cadres qui a emmené une situation déplorable au sein de cette administration et explique le non-respect de la hiérarchie, la mauvaise utilisation des ressources humaines à tel enseigne que tous les acteurs du secteur s'occupent de tout et de rien ; tout le monde est spécialiste de la bauxite, du fer, de l'or, du diamant et de tous les domaines.

L'inadéquation des fonctions exercées avec les spécialités requises est constatée au niveau de certains cadres. Ainsi les tâches exécutées ne relèvent pas souvent de leur compétence et le choix de ces cadres ne tient pas compte de leur expérience professionnelle et de leur profil de formation.

La baisse des revenus miniers est une question d'une importance capitale et ne peut être résolue qu'à travers les dispositions contenues dans les conventions (suivi des conventions, sécurisation des recettes, amélioration de la gouvernance et réexamen avec les partenaires de la fiscalité minière).

Les Interférences constatées à tous les niveaux de la structure des personnes étrangères créent des difficultés énormes au bon fonctionnement du Département, de telle sorte que certaines décisions sont prises en dehors du consentement des dirigeants désignés. On note également l'action souvent négative des Conseillers du Chef du Département à vouloir se substituer aux Directeurs nationaux, Directeurs de projets dans la gestion des entités relevant de la compétence de ces derniers.

C'est cette situation qui doit changer dans le fonctionnement du Département en prenant en compte des mesures correctives en direction de la consolidation des capacités opérationnelles, techniques et humaines des structures.

# CHAPITRE XV

## PERSPECTIVES DE DÉVELOPPEMENT DU SECTEUR MINIER

L'avenir de l'industrie minière en Guinée dépendra essentiellement de la manière dont l'Administration actuelle pourra résoudre sans équivoque les questions liées à la gouvernance, aux défis à relever tout en créant les conditions nécessaires à la sécurisation des investissements. Cela suppose qu'elle doit prendre en compte toutes les anomalies ayant occasionné le blocage des activités d'exploration, la mise en œuvre des mégaprojets d'une part et le ralentissement constaté pour la réalisation des infrastructures de base d'autre part. Ainsi les perspectives de développement peuvent être considérées comme une attente spécifique dans le cadre du développement durable dans plusieurs filières :

1-L'ambition de la Guinée est non seulement d'occuper le marché mondial de la bauxite, mais aussi de posséder une industrie de transformation de l'alumine et de l'aluminium. Toutes les conventions signées entre les partenaires et l'État guinéen en font mention. Cette nouvelle donne permettra à coup sûr à notre pays d'introduire sur le marché mondial un processus de développement durable de ses ressources et surtout de lui permettre de gagner des revenus économiques substantiels pour le bien-être de sa population ; les sociétés CBG, CBK, SMB déjà en activité seront mises en contribution pour une augmentation de leur production et les nouvelles sociétés en phase de réalisation participeront au renforcement de la capacité de la Guinée, en triplant sa production dans la filière de la bauxite (voir chapitres IX, X et XI). La mine de Fria (Russal) ne doit pas être abandonnée pour la simple raison qu'elle relance la problématique de la présence de la Guinée sur le marché mondial de l'alumine.

2-La Guinée a un besoin crucial de rattraper le retard accusé dans le développement des mines d'or et elle n'a pas saisi toutes les opportunités que lui offre son potentiel aurifère par rapport au Burkina et au Mali. Elle doit impérativement augmenter le nombre de sociétés en exploitation, en concluant dans les cinq prochaines années l'ouverture de nouvelles mines, en renégociant aussi la reprise de la Semafo et cela est bien possible.

3-La nouvelle orientation de l'exploration minière en Guinée vers les sites, cibles dans le but de valoriser les substances minérales d'intérêts économiques, permettra à la Direction Nationale de la Géologie d'innover une stratégie ayant deux alternatives :

- Une première pour satisfaire les besoins de la poursuite de la cartographie du pays à différentes échelles, en utilisant les méthodes de levé géologique, géochimique, géophysique pour ne citer que celles-ci et les services d'un laboratoire d'appoint.

- La seconde alternative consiste à circonscrire les données certifiées des substances minérales pour les mettre à la disposition des investisseurs intéressés, en vue de les exploiter dans le cadre d'une coopération bilatérale ou privée.

Ces travaux d'exploration concernent diverses substances minérales de valeur économique qui sont généralement connues dans le pays en l'occurrence l'Or, le Diamant, les métaux de base et l'Uranium.

4- Un effort considérable est déployé dans l'exploitation industrielle, semi-industrielle et artisanale dans les gisements alluvionnaires, mais il a été constaté un manque d'engagement des activités d'exploration en direction des gîtes primaires du diamant. C'est pourquoi la Guinée doit entreprendre la recherche des gisements kimberlitiques, des métaux de base, de l'Uranium et du Fer dans la perspective de renforcer la diversification de la production des substances minérales et améliorer les revenus miniers. Les sociétés répertoriées au niveau du cadastre minier pour la recherche des métaux de base, du Fer et de l'Uranium méritent d'être accompagnées avec attention et flexibilité par les Services techniques.

La recherche de l'Uranium par exemple est stratégique pour la Guinée et pourrait constituer dans un avenir très proche une source prépondérante de production d'énergie électrique. Il faut noter que les travaux de recherche de l'Uranium ont commencé en Guinée en 1968 avec les sociétés étrangères, des organismes d'États et à travers nos Institutions propres de recherche et de prospection minière. Les résultats obtenus ont été si concluants qu'il est souhaitable que l'Administration minière continue des investigations dans cette direction.

5- On note l'absence de la Guinée sur le marché mondial du fer bien que la qualité et les réserves exceptionnelles des gisements du Nimba et du Simandou sont reconnues par de nombreux investisseurs évoluant dans cette filière. La société Rio Tinto intéressée pour l'exploitation du Simandou en association avec la Guinée, la SFI et Chinalco tarde à se réaliser pour des raisons de fluctuation du marché selon la Direction générale de Rio Tinto en 2016. Mais cela n'altère en rien la poursuite de la mise en œuvre du projet et la volonté de la Guinée d'être présente sur le marché du fer, et d'autres substances d'intérêts économiques en profitant d'une large valorisation de son potentiel minier.

6- En plus des recommandations faites au CPDM, au BNE, à la DNM et au FIM par l'ITIE citées plus haut dans le cadre de la sécurisation des revenus miniers, il est souhaitable que l'Autorité renforce les capacités d'intervention des organes consultatifs que sont le Secrétariat Général de la Commission Nationale de la Sécurité Minière et le Secrétariat Permanent du Processus de Kimberley pour assurer au Secteur minier plus de visibilité dans l'ensemble des activités de production et de commercialisation des produits miniers.

**Attentes spécifiques de la population :**

La relance du Secteur minier est un atout pour la population qui s'attend à des retombées significatives sur leurs préoccupations quotidiennes entraînant une amélioration de leurs conditions de vie.

Les attentes spécifiques de la population suite au renforcement des capacités des sociétés en production et la création de nouvelles sociétés sont entre autres :

1- La création d'emplois directs et indirects pour diminuer le chômage endémique qui caractérise aujourd'hui la société Guinéenne qui a un indicateur général de taux de pauvreté le plus élevé de la sous-région avec à la clé une incidence de 55,2 %, une profondeur de la pauvreté de 18,4 % et un indice de sévérité de 8,4 % (suivant le rapport du DSRP, 2014). Ce serait donc une aubaine pour les populations environnantes et plus particulièrement pour les jeunes diplômés sans emplois et les sociétés de sous-traitance qui y trouveront leurs comptes ;

2- L'amélioration des infrastructures sociales de base (eau, électricité, centres de santé, écoles,…) sera un des impacts dû à l'implantation des mines dans le pays. Ces sociétés participeront à travers les contributions, les taxes, les redevances et les dons au développement socio-économique et environnemental des localités relevant de la Région d'implantation. Parfois, elles donnent une assistance à l'État en faveur des programmes de développement à l'échelle nationale concernant la Santé, l'Éducation, la protection de l'environnement et l'artisanat minier ;

3- Le programme initié par le Gouvernement concernant la mutualisation du système de transport par les sociétés minières permettra le désenclavement des zones de production à travers la construction des chemins de fer et des ports d'évacuation du minerai. Aussi le pays s'est doté d'un plan directeur pour la réalisation des infrastructures au nord-ouest du pays, au sud-est et dans la partie centrale qui vont servir non seulement à l'évacuation des substances minérales, mais aussi au transport des populations et des produits agricoles. Le Gouvernement entend faire de ce projet un moyen de transport à grande échelle, un outil d'aménagement du territoire et un facteur d'intégration sous régionale par l'interconnexion envisagée avec le Mali et le Burkina Faso. Dans le domaine portuaire, les efforts seront orientés vers l'extension de la zone est du Port Autonome de Conakry où la SBDT aménagera une superficie 33 ha et y procédera au prolongement des quais et au dragage de tout le chenal à une profondeur de 14 m pour l'évacuation de son minerai. On note que le terminal conteneur a connu d'importants travaux d'extension par le Groupe Bolloré qui a fait du port de Conakry une plateforme logistique hautement compétitive. D'autres ports sont en train d'être réalisés sur le littoral par Rio Tinto, GAC, Alufer, COBAD pour ne citer que ces exemples ;

# CONCLUSION

Toutes les activités minières entreprises dans le pays contribuent d'une manière directe ou indirecte à la consolidation et à la diversification des actions économiques.

Le pays connaîtra ainsi un développement durable de son économie, profitable à toute la population Guinéenne en s'appuyant entre autres sur une exploitation judicieuse de son énorme potentiel minier par le biais d'une coopération avec les partenaires disposant des ressources et de l'expertise dont la Guinée a besoin.

Pour atteindre les objectifs de développement, l'Administration minière doit s'appuyer fondamentalement sur les actions devant impulser la relance du secteur énoncé plus haut.

À propos, l'importance d'une reprise souhaitée des activités de la Direction nationale de la Géologie, du Laboratoire National n'est plus à démontrer. La maîtrise du fonctionnement du cadastre minier va concourir à instaurer un contrôle rigoureux sur l'évolution des projets de recherche constituant aujourd'hui un maillon incontournable pour permettre à la Guinée de combler le retard constaté dans l'ouverture de nouvelles Mines. Les sociétés en phase de recherche sont et demeurent un outil de travail à la disposition des communautés environnantes, elles interviendront à améliorer la situation jugée précaire des populations en termes d'emploi et aideront à des nombreuses familles à résoudre quelques soucis d'entretien. On peut noter par expérience que les fonds investis dans les communautés par l'ensemble des projets de recherche évoluant dans le pays, sont parfois supérieurs aux revenus tirés par l'Etat de l'exploitation des ressources minières.

Les interventions des mégaprojets seront de grande taille et leur mise en œuvre dans le pays changera incontestablement le visage économique du pays dont les retombées permettront à l'État d'aborder la question de développement des localités avec plus d'assurance et d'efficacité.

La Guinée est un pays à vocation industrielle et agricole constituant un atout singulier qui doit interpeller le patriotisme de chaque citoyen à œuvrer dans le sens à donner au pays les moyens d'éradication de la pauvreté à travers une contribution de qualité, dans le travail quotidien. La majeure partie de la population guinéenne se trouve à l'intérieur du pays ayant pour principale préoccupation l'exploitation artisanale, l'agriculture, l'élevage et la pêche. C'est la raison pour laquelle une attention doit être accordée à ces activités afin de les imprimer une dynamique de développement en créant pour chaque activité des conditions d'épanouissement.

Il a été question dans ce livre de faire du développement une priorité pour le Secteur minier guinéen en se penchant sur la gestion des ressources du pays, et celle du profit qu'on pourrait tirer des activités minières. Comme toute œuvre humaine, celle-ci constitue une amorce dans un domaine assez complexe et qui demande un apport de tous les fils du pays. Le but étant d'approfondir les sujets abordés en vue de les rendre plus utiles à la nation dans le cadre de la bonne gouvernance et de la sécurisation des investissements. Cette tâche revient au Secteur minier et à l'Agriculture de pouvoir impulser la croissance de l'économie guinéenne qui est de 3,4 % en moyenne pendant ces trois dernières années. Ce taux est insuffisant pour réduire la pauvreté dans la mesure où la croissance démographique est de l'ordre de 3,1 % ; pour changer cette tendance, il faut une croissance de 7 %. La relance du Secteur minier pourra apporter dans ce cas une accélération de la croissance pour conforter le cadre économique du pays. Pour cela, on attend de l'Administration minière plus d'efforts dans le mécanisme de gestion des ressources minérales du pays.

On peut conclure que ce livre est loin d'épuiser les questions relatives au développement du Secteur minier et de ses possibilités. Il facilite cependant une orientation des dirigeants actuels dans la relance de ce secteur. Il reste entendu que le débat reste ouvert pour toutes suggestions et recommandations visant à améliorer ce travail.

## Contribution à l'étude de l'or de Matagania en Guinée dans la préfecture de Dinguiraye

### 1- Actualité

L'Or a attiré l'attention de l'humanité depuis l'antiquité, son exploitation a provoqué une certaine fièvre qui a eu à mobiliser et occuper des milliers de personnes. De nos jours, le fait le plus caractéristique pour l'or est la libéralisation de son propre prix (NISIC, 1987). L'once est passée de 36 dollars en 1970 à plus de 600 dollars au début de 1980 et continue à se maintenir à un niveau assez appréciable de1160 dollars en 2015 et selon les prévisions de la Banque Mondiale, ce prix connaîtra une régression pour se maintenir probablement à 1046 dollars l'once au seuil de 2020.

L'accroissement du prix de l'or et l'introduction de nouvelles méthodes plus effectives pour sa production et son extraction ont permis de réaliser ces derniers temps l'exploitation des gisements à très faible teneur. Si en 1970 la teneur moyenne des gîtes aurifères primaires exploités en Afrique du Sud était de 12,5 g/t, celle-ci diminuait considérablement en 1980 et atteignait 5,63 g/t, c'est-à-dire deux fois moins.

Aux États-Unis, en Australie et au Canada sont expérimentées de nouvelles méthodes de traitement des gisements filoniens à faible teneur – 1,5 à 3 g/t ; cette nouvelle tendance technologique de l'extraction de l'Or des gîtes primaires est aussi valable et utilisable pour l'exploitation des placers.

Le monde connaît présentement une activité très intense et un intérêt très accru pour la recherche de l'Or. En Guinée, l'évaluation des gisements aurifères demeure une des tâches principales du Ministère des Mines et de la Géologie. L'étude de l'Or dans le nord-est du pays a été réalisée de 1984 à 1987 par le projet « 'Dinguiraye Gold Mining » » composé de spécialistes guinéens et étrangers. Ce projet a effectué des travaux de réévaluation des gisements déjà connus (Matagania, Banora et autres) et a procédé simultanément à des recherches de nouveaux gîtes filoniens et placers dans les limites de la zone du permis d'exploration. C'est au même moment que l'auteur de ce livre a effectué des travaux de recherches dans les limites de la concession de ce projet et les échantillons prélevés, ont été analysés à la chaire de géologie, et de prospection des Minéraux utiles de l'Institut Supérieur des Mines et Géologie de Sofia et à l'Académie des Sciences en Bulgarie.

C'est la Société Minière de Dinguiraye (SMD) qui exploite l'Or aujourd'hui dans cette région, elle s'est substituée ainsi au projet « 'Dinguiraye Gold Mining » » et détient 100 % des actions.

**2-Objet de l'étude**

Le but des recherches effectuées sur l'or alluvionnaire de Matagania a été d'établir son origine primaire, ses caractéristiques génétiques et de dégager les différentes étapes de formation du gisement. Ceci nécessite la résolution des tâches suivantes ;

1. Détermination de la constitution géologique des gisements alluvionnaires et composition minéralogique des échantillons ;

2. Identification de l'or natif dans les morceaux de quartz génétiquement liés aux filons aurifères quartzeux de la région et détermination de la composition minéralogique

des filons quartzeux et des conditions de température de leur formation ;

3. Étude du caractère litho-géochimique de l'auréole de dispersion de l'or liée à la zone de « » Test » » ;

4. Composition granulométrique de l'or alluvionnaire ;

5. Degré d'émoussage de l'or (arrondissement des grains) ;

6. Formes des grains et les différents types d'or selon leur caractère morphologique ;

7. Étude des particularités micro morphologiques de l'or observé au Microscope électrique à Balayage (MEB) ;

8. Composition chimique de l'or alluvionnaire ;

9. Propriétés physiques de l'or ;

La résolution des tâches ci-dessus présente une importance tant scientifique que pratique. Elle aide à expliciter les caractères génétiques des gisements alluvionnaires et à déterminer la provenance (source) de l'or accumulé dans les dépôts fluviaux. Les résultats d'une telle étude permettent d'identifier les zones perspectives de la Région, d'améliorer les techniques d'extraction et de traitement de l'or et surtout d'orienter les futurs travaux de recherche et prospection.

**3-Matériels et méthodes de travail**

Les tâches résolues dans le présent travail ont nécessité l'utilisation d'un complexe de méthode et d'appareillage qui s'appliquent pour la première fois à l'étude de l'or en Guinée.

La géologie du gisement alluvionnaire a été établie à travers des données de sondages. La composition minéralogique des échantillons de concentrés a été déterminée en utilisant des méthodes optiques et d'analyse au rayon X (roentgen-gramme) après fractionnement du concentré. Les minéraux sont diagnostiqués par la méthode DEBEYE-SCHERRER.

L'étude de la granulométrie de l'or a été réalisée sur 3035 grains obtenus dans les différents échantillons prélevés à travers les sondages de 3 profils. Le fractionnement n'a pas été effectué par tamisage, mais visuellement à l'aide du stéréo microscope et du papier millimétrique.

La morphologie et le degré d'émoussage ont été étudiés aussi au stéréo-microscope. Les formes des grains sont comparées directement aux données de PETROVSKAYA et COLL (1952) et PETROVSKAYA (1973).

Les caractères micro-morphologiques des grains sont déterminés au microscope électrique à Balayage (MEB) SEM-PHILIPS à l'Institut de Minéralogie appliqué de l'Académie des Sciences bulgares. Le grossissement des images a été de 400 à 12 000 fois

L'étude de la composition chimique de l'or s'est effectuée à la microsonde dans le même Institut à l'aide du complexe SEM-PHILIPS (Wedax-3A) et à travers des analyses spectrales réalisées à l'Institut Supérieur des Mines et Géologie de Sofia au microanalyseur CARL ZEISS.

Au BRGM à Orléans (France) 72 échantillons prélevés dans la zone de « » test » » ont été analysés par la méthode de spectrométrie à plasma inductif (ICP). 28 éléments ont été déterminés y compris l'or.

Ces données ont servi à composer la carte d'iso-lignes de teneur en or, et d'autres éléments à l'aide du computer BBC par la méthode BAKARDJIEV et COLL (1985).

Les données sur le pouvoir réflecteur de l'or de Matagania ont été obtenues au photo-microscope NF monté sur microscope NU-2. (MENKOV et COLL 1976).

Les mesures de la microdureté des grains sont faites au scléromètre à pointe en diamant.

Pour la détermination des températures de formation des filons aurifères, il a été employé la méthode d'homogénéisation des inclusions fluides dans le quartz sur microscope type Amplival monté sur tablette chauffante.

Pour l'étude de la structure corrosive de l'or on a utilisé la solution HC1 + Cr03 1 : 1 avec un temps de réaction égal à 10 minutes.

**4-Généralités**

Le gisement de Matagania se trouve dans la partie Est de la Préfecture de Dinguiraye dans le Nord-Est guinéen. Il a été exploré par le projet Dinguiraye Gold mining dont le permis couvre une superficie de 14 000 $km^2$ entre les latitudes 11° et 12° et les longitudes Ouest 10° et 10°42'. La limite Nord est la frontière de la République du Mali, au Sud la Préfecture de Dabola, à l'Est, la Préfecture de Siguiri, au Sud-Est la Préfecture de Kouroussa et à l'Ouest la Préfecture de Tougué. C'est l'actuelle concession en exploitation par la Société Minière de Dinguiraye (SMD).

La plus grande ville de la Préfecture de Dinguiraye est Dinguiraye Centre. Les autres sous-préfectures sont : Kalinko, Gagnakaly, Sélouma, Lansanayah, Banora, Diatiféré et Dialakoro. La population de Dinguiraye est hétéroglotte, elle se compose de Malinkés, Toucouleurs et Peuls dont les 80 % pratiquent l'agriculture. Le riz, le maïs, les patates, le manioc et le sorgho sont traditionnellement cultivés.

Le climat est tropical (Sud soudanien) humide, avec de fortes pluies. Les mois de juillet, août et septembre connaissent de fortes précipitations et ne sont pas favorables aux travaux de recherche géologique dans la région.

La végétation est du type savane sèche représentée par de hautes herbes très denses et de quelques arbres feuillus.

Le long des rivières se rencontrent des arbres feuillus avec des lianes.

Le monde animal est très varié et abondant. Cette faune comprend très régulièrement des singes, des biches, buffles des oiseaux (perdrix, pigeons) et quelques rares lions et panthères.

**Historique de l'exploitation aurifère à Dinguiraye.**

En Guinée, l'or est connu des tribus qui se sont installées dans les régions aurifères du pays depuis l'antiquité. Il existe des données prouvant l'extraction de l'or des gisements primaires et alluvionnaires depuis le4$^{ème}$ Siècle dans le Nord-Est guinéen. Les travaux d'exploitation se sont poursuivis jusqu'au 14$^{ème}$ Siècle par la tribu des Bambaras. Les traces des puits d'orpailleurs sont encore conservées à travers les couches latéritiques à Dinguiraye (Matagania, Banora), à Kouroussa, à Siguiri et dans d'autres régions du pays. Du IV et XIII Siècle l'exploitation de l'Or a connu un développement très intense. Les différentes tribus installées au sud du Sahara s'unissaient et formaient de puissants empires (Marfounine 1987).

Dinguiraye fait partie intégrante de la région de Bouré dont le potentiel aurifère fut à l'origine de la formation du Premier Empire africain au 3$^{ème}$ Siècle.

Le roi de cet empire Sarakollé portait le nom du « Roi de l'Or » (Mauny, 1961).

Au XIII et XV siècles, l'empereur du mali ou du Mandingue jouissait d'une très grande réputation pour sa richesse à travers les récits des explorateurs français et portugais qui visitèrent la Guinée à cette époque.

Au début de la colonisation française nombreux sont les explorateurs qui se sont intéressés aux régions aurifères. Les travaux locaux les ont beaucoup impressionnés et ils n'ont pas tardé à propos à envoyer à la métropole des rapports très élogieux qui provoquèrent une véritable ruée vers l'or (Willaume, 1908). Le nombre de permis d'exploitation se multiplia davantage dans le pays. C'est la Première Guerre mondiale (1914 - 1918) qui donna le coup de grâce à cette ruée. Avant la Seconde Guerre mondiale, peu d'efforts étaient consacrés à l'exploitation des gisements primaires filoniens. Ces gisements sont représentés par des filons quartzeux et type « veines » ou « disséminés ». Les veines de quartz sont de petites dimensions (quelques centaines de mètres de long avec une épaisseur variant de 8 à plusieurs mètres) et les gisements du type « 'disséminé »' sont des stocks Works représentés par des petites veines de quartz très finement reparties dans les roches encaissantes (Daummin, 1933).

Les zones aurifères du Nord-Est guinéen y compris les gisements alluvionnaires de Matagania ont fait l'objet d'étude et de cartographie (Goloubinov, 1933, 1936, 1938). Ces travaux de recherche ont permis de conclure que seuls les gisements déluvio-alluvionnaires représentaient dans la région un intérêt économique certain.

Le gouvernement de l'A.O.F présidé par Julian (1927 - 1938) a réussi à collecter une quantité importante d'or exploité dans la région par les orpailleurs locaux (plus de 3 tonnes) mobilisés à cet effet. Cette collecte a cessé durant et après la Deuxième Guerre mondiale.

De 1948 à 1949, les travaux du Bumifon (bureau minier de la France d'outre-mer) ont abouti à la découverte du gisement aurifère de Banora dont la prospection a été très lente. En 1957 les réserves d'or du filon des anciens (plus de 2000 kg) ont été mises en évidence et plusieurs autres veines ont été découvertes dans les environs (Rapport… 1958).

L'exploitation de Banora démarra à la fin de l'année 1958 avec la construction d'une usine de flottation. La production annuelle qui était de 8 kg en 1957 atteignit

440 kg d'or en 1958. L'exploitation fut arrêtée en 1959 à la suite de l'indépendance du pays (Rapport 1959).

Après la libéralisation du pays, des travaux de recherche et de cartographie sont effectués par des spécialistes soviétiques au début des années soixante dans le Nord-Est guinéen (Zoubarev et autres 1962, 1963).

En 1984 démarrèrent les travaux de recherches et de prospection des gisements aurifères de la préfecture de Dinguiraye par le projet « 'Dinguiraye gold mining »' dont les activités d'exploitation se poursuivent de nos jours par la SMD.

En 1986, l'auteur de la présente thèse a effectué des travaux de terrain et des observations géologiques dans les limites du gisement aurifère de Matagania et prélevé des échantillons qui ont servi à des études complémentaires spéciales.

Les problèmes essentiels concernant l'étude des caractères morphométriques de l'or alluvionnaire ont été traités par plusieurs chercheurs : Petrovskaya (1969, 1973, 1976, 1980) ; Gaj (1968) ; Desborough (1970) ; Matkovitch et Coll (1972, 1977, 1979) ; Nicolaeva et Coll (1973)Carret (1974) ; Rijkov et Coll (177, 1980) ; Nicolaeva(1979, 1980) ; Volarovitch et Coll (1980, 1980a) ; Sacorava et Coll (1980) ; Yablokova (1980, 1980a).

Dans la littérature bulgare sont connues quelques publications sur les régions de Nevestino, Koctendilsko (Crestev, 1985) et sur les gisements polymétalliques du rayon de Panadjourska (Bogdanova, 1975) et Kiriazova (1971, 1972).

En Guinée, les données manquent sur les caractères morphométriques et sur la genèse des placers. Des résultats épars existent cependant sur la géologie, la structure et les différents types de gisements aurifères obtenus par des chercheurs français et soviétiques ayant travaillé dans les zones aurifères du Nord-Est guinéen.

## I-Caractéristiques géologique et types de gisements aurifères de la zone de Dinguiraye

### Structures géologiques des gisements aurifères.

La géologie des rayons aurifères de Dinguiraye est peu étudiée. Les données sur les études stratigraphiques, tectoniques et le magmatisme sont encore insuffisantes. Les résultats des investigations géologiques sont consignés dans les rapports de Julian (1927, 1938), Golubinov (1933), Daummin (1933), Blondel (1934), Malavoy (1935) ; Arnaud (1935), Chermette (1945), du service des mines de l'A.O.F (Rapport 1948, 1958) de Spindler (1945) du groupe Technoexport (1960) des géologues soviétiques (Inozemtchev et Ourban, 1985, 1962) et du projet « Dinguiraye gold mining » (Rapport 1985, 1986, 1987). D'après ces données, les roches de la région appartiennent aux groupes suivants :

1. Roches métamorphiques birrimiennes (PR) : elles sont les plus répandues dans la région et occupent la partie centrale et le Sud-Est de Dinguiraye. Dans les limites du rayon d'étude, on rencontre généralement les roches du birrimien inférieur qui se composent essentiellement d'arkose, graphite, de schistes verts, des chlorites-actinolites et des quartzites. Ces roches constituent les roches encaissantes des filons quartzeux aurifères de la région (Banora, zone de « « test » de Matagania).

2. Les granites birrimiens ($PR_1$ $\gamma_1$) : ils se sont formés à la fin du birrimien inférieur et sont représentés par de grands batholites de granites. On les rencontre dans la partie Sud-Ouest de la région.

3. Les granites post birrimiens ($PR_3$ $\gamma_2$) : ils forment des intrusions de dimensions variées qui traversent aussi bien les roches du birrimien inférieur que celles du birrimien

supérieur. Ils sont représentés par des microgranites qui ont des contacts sécants avec les roches encaissantes. Ils coïncident le plus souvent avec la direction principale des systèmes de failles de la région orientés vers le Nord-Ouest représentant ainsi la direction du plus grand nombre des filons aurifères.

4. Grès paléozoïques : ils se rencontrent dans la partie nord de la région. Leur âge n'est pas définitivement déterminé bien qu'ils soient rattachés à l'ordovicien. La même série est décrite à l'est des Bassaries (Arnaud, 1945). Elle se compose de conglomérats, d'argilites, de grès feldspathiques et repose en discordance sur les autres formations.

5. Dolerite mézosoiques(δ) : ils sont représentés par des intrusions isolées avec des contours irréguliers, traversants les couches de grès ou injectées à travers les granites birrimiens et sont considérés comme étant le résultat des derniers stades de l'activité magmo-tectonique de la région. Ils sont observés au sommet des montagnes et plus rarement ils se rencontrent sur les versants et au fond des vallées. Les dolérites sont de structure massive et leur couleur varie du gris verdâtre, tacheté au gris selon le degré d'altération des roches. Les formes rencontrées sont les sils et les dykes.

6. Pliocène quaternaire (?) : il se compose de grès alluvionnaire, de gravier, d'argile, sable argileux et de dépôt latéritique. Ils forment les dépôts des terrasses fluviales de la région. L'or natif se rencontre dans les conglomérats et des latérites graveleux argileux. Les alluvions des dépôts fluviaux se composent d'alluvions anciennes (pliocène), et récentes (quaternaire).

La tectonique de la région est peu étudiée. Une description préliminaire des plis et des structures de systèmes de failles de la région a été faite par le projet « 'Dinguiraye gold mining »'. On y rencontre des structures en plis très larges de type monoclinal, anticlinal et synclinal. Ces structures sont orientées au Nord et au Nord-Ouest et ont une schistosite de 45 à 60° au Sud-Ouest. Les plis orientés à l'ouest sont très rares. Probablement dans les parties centrales des plis de direction Nord-Ouest sont injectés des granites d'âges birrimien et post-birrimien.

Le système de failles dans la région se caractérise par deux types de failles circulaires et linéaires. Les failles circulaires sont très abondantes ; leur diamètre varie de 12 km à 500 mètres. La plus grande faille de ce type a été identifiée le long de la rivière Bouka qui circonscrit une intrusion granitique. Ces failles sont répandues aussi dans le rayon de Matagania et délimitent les blocs soulevés des roches métamorphiques et intrusives. Les failles linéaires sont orientées dans deux directions principales : Nord-Nord-Ouest et Est-Nord-Est. Elles coïncident au système de failles qui ont contrôlé la forme de l'océan atlantique.

Les systèmes de failles Nord-Nord-Ouest sont considérés comme des structures minéralisées. Elles se substituent dans la zone de Matagania aux filons quartzeux aurifères. Les failles Est-Nord-Est se rencontrent très rarement et probablement se sont formées tardivement.

Dans la région de Dinguiraye, sont connus deux types morphogénétiques de gisements aurifères : filoniens et alluvionnaires.

**À- Gisements aurifères filoniens**

Les filons aurifères se localisent dans les roches métamorphiques du birrimien inférieur représentés dans la région par des chlorites, chlorites-actinolites, des schistes et des arkoses. Les gisements aurifères du rayon de Banora situé à 15 km de Matagania sont identifiés dans les zones de contact des intrusions granitiques avec les roches métamorphiques (Rapport… 1958).

Les filons aurifères quartzeux du gisement de Banora ont une importance certaine. Le plus grand a une épaisseur variant de 1 à 3 m ; 600 m de long et est suivi sur 110 m en surface (G.M.U, 1970) ; leur exploitation a donné 550 kg d'or pour une teneur moyenne de 18,3 g/t

En surface et à travers les couches latéritiques d'altération et dans le lit de la rivière Matagania, sont souvent rencontrés de morceaux de quartz isolés de dimension variant de 30 x20 cm à 10 x 5 cm et de plus petites. Ces morceaux de quartz délimitent probablement une zone aurifère qui conserve encore de nos jours les anciens travaux des orpailleurs locaux. Il existe des tranchées qui ont servi à l'extraction de l'or depuis les temps anciens. Nous avons dénommé une telle tranchée « zone 1 ». En amont de la rivière Matagania et parallèlement à celle-ci se trouve la zone de « test » sur la rive droite de la même rivière. La zone de test a été l'objet d'investigations et des études géochimiques y ont été effectuées pour déterminer le caractère de l'auréole de dispersion de l'or.

**Composition minéralogique des filons aurifères**

Le quartz dans les filons aurifères est le principal minéral. On y rencontre l'or natif, la pyrite, l'arsénopyrite, sphalerite, chalcopyrite et autres. Les minéraux secondaires sont : goethite et hydrogoethite. L'or natif est identifié dans le quartz en des inclusions isolées en forme de rein et de petits grains ou ayant parfois des formes irrégulières de dendrites.

L'étude et la description minéralogique des filons ont permis de distinguer deux types d'associations para-génétiques qui sont :

1)- quartz-pyrite-arsénopyrite + Au et

2) -quartz-pyrrhotine-chalcopyrite-sphalérite + Au.

L'Or est surtout invisible dans les sulfures.

**Température de formation du quartz des filons aurifères**

Les études ont été faites sur les échantillons de quartz prélevés aussi bien dans l'unique et ancienne mine de Banora que sur les morceaux de quartz rencontrés dans les dépôts alluvionnaires de Matagania et en surface de la zone de « test » où on suppose l'existence d'un filon quartzeux aurifère passant sous la couverture latéritique.

La comparaison des résultats d'étude nous a permis de conclure que les inclusions primaires des filons quartzeux à sulfure de Banora se sont formées dans les conditions de hautes températures de 218° à 338 °C (la température moyenne est de 295 °C). Des températures sont établies pour les quartz de la zone de test à 265 °C en moyenne et de basses températures de formation pour les quartz prélevés dans les dépôts alluvionnaires de Matagania est de 223 °C en moyenne.

Les températures de formation des quartz de la zone de test et celles des quartz rencontrés dans les alluvions de Matagania sont beaucoup plus proches et ces morceaux de quartz proviennent probablement des filons quartzeux aurifères situés en amont de Matagania (zone 1). Les morceaux de quartz rencontrés dans la région ont généralement la même genèse (provenance) et peuvent être considérés comme étant les produits de désagrégation des filons aurifères quartzeux formés dans les conditions de moyenne température (265-223 °C).

**Auréole secondaire de dispersion d'or dans la zone de « test ».**

L'identification des grains d'or (à l'œil nu) presque dans tous les échantillons prélevés dans la zone de « test » a permis aux spécialistes du projet « Dinguiraye gold mining » d'effectuer des analyses I.C.P par la méthode de spectrométrie à plasma inductif sur la moitié des 143 échantillons. Ces données ont été utilisées pour la composition de la carte d'isolignes de teneur en Au.

La répartition de l'or en surface de la zone de « test » indique deux maximum d'accumulation : en bas et en haut de la pente ; cette accumulation d'or constatée en bas de la pente vers les dépôts alluviaux montre le caractère migratoire de ce dernier. Probablement, cet or provient du filon aurifère quartzeux de la zone de « test » qui est recouvert par une puissante couche latéritique d'altération d'environ 10 à 15 m d'épaisseur.

**Caractères génétiques des filons aurifères**

L'étude des morceaux de quartz et des sections polies des échantillons au laboratoire de la chaire de géologie et de prospection des minéraux utiles à l'Institut Supérieur des mines et géologie de Sofia et les observations faites par l'auteur permettent d'affirmer que les filons hydrothermaux aurifères dans la région sont de deux types minéralogiques : filons quartzeux aurifères et filons quartzeux aurifères à sulfures.

Les filons quartzeux aurifères sont constitués de quartz massif blanc et gris blanc. Dans ce quartz, on n'observe pas de traces ou de vides laissés par les minéraux de sulfures, mais en surface, existent les fines fissures remplies d'hydrogoethite ; probablement son pourcentage en sulfures est moins de 1-2 %. Une étude microscopique de ce quartz a permis d'identifier des grains d'or natif isométriques et isolés avec des formes irrégulières de dimensions égales à environ 200 x 100 microns.

Les filons quartzeux aurifères à sulfures sont des filons du gisement de Banora. Ils sont constitués de quartz blanc avec des nids d'injection de sulfures, des dimensions atteignant 5 à 6 cm et de plus petites. Les sulfures occupent plus de 10 % des composants du filon et sont représentés par l'arsénopyrite, chalcopyrite, sphalérite, chalcosine, pyrrhotine et autres.

L'or natif ne s'observe pas sous forme visible dans les sulfures ; il se rencontre dans le quartz comme des inclusions isolées en forme de rein et de petits grains à proximité de la pyrite.

**B- Gisement alluvionnaire**

Ils ont fait l'objet d'études au cours de ces dernières années. On distingue deux types de placers aurifères : éluvionnaire, et alluvionnaire

- **Gisements éluviaux**

Les placers aurifères éluviaux s'observent aussi bien sur les pentes de l'écorce d'altération latéritique qu'au voisinage des filons primaires. La zone de quartz du lit supérieur de la rivière Matagania (zone 1) et la zone de « test » sont liées à ce type de placer. Le plus souvent les plus grandes concentrations se forment autour des filons quartzeux aurifères à sulfures qui ont été exploités dans les temps anciens à Banora. La zone d'oxydation est plus puissante dans les filons quartzeux à sulfure, à cause de la faiblesse des processus d'oxydation et de désintégration ou de libération de l'or primaire du quartz. Les placers éluviaux au- dessus des filons quartzeux aurifères sont de plus petites épaisseurs et représentent une source d'enrichissement des placers alluviaux en or (zone 1 et zone de « test »).

- **Gisements alluviaux**

Les placers alluviaux aurifères se sont formé des dépôts des rivières. Le gisement aurifère le long de la vallée de Matagania qu'on étudie ici est lié à ce type de placer ; celui-ci se localise dans les dépôts alluviaux contemporains. Il a été l'objet de recherches et de prospection du projet « 'Dinguiraye gold mining »'. Des sondages ont été réalisés le long des lignes de profils perpendiculairement à la vallée de la rivière. Les lignes de profils ont été tracées à des distances variables (1000 m pour les travaux de recherches et 250 m pour la prospection préliminaire). Selon les données obtenues, le secteur des profils n° 47,48 et 57 s'est avéré la zone la plus perspective. Le long de chaque profil ont été réalisés en moyenne 10 sondages à une distance de 20 à 40 m pour une profondeur variant de 9 à 13 m jusqu'au bedrock, parfois le sondage continue jusqu'à 0,5 à 1 m entrant franchement dans les roches cristallines. Le secteur perspectif à une longueur d'environ 1,5 km et une largeur moyenne de 300 m.

Les alluvions du secteur du gisement sont représentées par deux types de formations quaternaires fluviales :

1) Les formations très anciennes occupent la partie inférieure de la coupe géologique du placer et gisent sur les roches métamorphiques du précambrien ;

2) Les dépôts récents formés à partir des anciennes alluvions se localisent dans la partie supérieure de la coupe. Ils gisent en discordance sur les plus anciens et remplissent des nouvelles auges fluviales ou les recouvrent. La puissance totale des alluvions est de 8 à 12m. les anciens dépôts sont représentés par des argiles latéritiques, des graviers sableux et des sables à ciments argileux. Ils sont endurés et ont atteint un degré important de solidification. Les dépôts récents sont constitués de couches d'argiles contemporaines alternant avec des sédiments mixtes et d'origine latéritique (argilo-sableux) ou meuble, etc. … Les indices d'or sont identifiés aussi bien dans les formations anciennes que dans celles plus récentes, mais les grandes concentrations en or se rapportent aux anciennes alluvions et aux roches métamorphiques altérées liées au bedrock. Ici, il se dégage un horizon aurifère composé de grès, de graviers, grès avec un ciment argileux. La puissance de cet horizon est de 0,5 à 1,50 m ayant une teneur moyenne en Or de 0,5 à 4g/m$^3$. Les parties érodées et enfoncées du bedrock

remplies de dépôts sableux et argileux sont très favorables à l'accumulation de l'or.

**-Composition minéralogique des concentrés**

Les données de la composition minéralogique de la fraction légère du concentré sont obtenues avant tout sur la base des travaux et des observations faites sur le terrain au cours de l'échantillonnage et à travers les études au stéréo microscope. On y rencontre du quartz, des feldspaths, des micas, des minéraux argileux, des hydroxydes d'aluminium, de fer et de manganèse.

Dans la fraction lourde les minéraux suivants ont été déterminés par ordre quantitatif : goethite, hématite, rutile, ilménite, anatase, zircon, staurotide, magnétite, sidérose, tourmaline, apatite, pyroxène. Cet ordre est relatif, et dépend en grande partie de la différence quantitative des minéraux lourds qui varie d'un échantillon à un autre.

**Caractéristiques géologiques des concentrés**

Le but de cette étude est de comparer les résultats des investigations minéralogiques et les données chimiques des échantillons des concentrés prélevés dans les alluvions et éluvions (zone de « test ») qui ont été soumis aux analyses spectrales semi-quantitatives. Les éléments caractéristiques du gisement : Fe, Si, Ti, Al, Mg, As, Mn, Cr, Zn, Cu, Pb, Zr, Hf, P. les minéraux qui contiennent, le titane dans les fractions sont l'anatase-rutile-ilménite et le zircon est le principal porteur du Zr et Hf. Nous remarquons une teneur très élevée du Hf dans la fraction non électromagnétique. Dans les échantillons, les plus fortes teneurs en Hf sont liées au zircon de couleur sombre qui domine en quantité la variété claire.

La différence en composition des échantillons provenant des alluvions et éluvions n'a pas été stigmatisée.

**Autres minéraux utiles.**

À cause de la couverture latéritique, nous recommandons pour la zone, des méthodes géochimiques et géophysiques de recherche pour identifier les roches encaissantes du diamant, les gisements de manganèse, de fer, de bauxite et autres.

## II- Granulométrie et caractères morphologiques de l'or du gisement alluvionnaire de Matagania

### Granulométrie

Les études granulométriques ont été effectuées sur 3035 grains d'or obtenus des différents échantillons prélevés à travers les sondages de 3 profils réalisés dans les alluvions du gisement. Les grains ont été divisés en 5 classes :

***Classe I*** : de 0 à 0,25 mm se rapporte aux grains fins ;

***Classes II, III, IV*** : ayant respectivement 0,25-0,50 ; 0,50-0,75 ; 0,75-1 mm de dimensions, correspondent aux grains moyens et la ***Classe V*** : représente les grains grossiers dont les dimensions sont supérieures à 1 mm.

Ces données montrent que plus de la moitié du nombre total des grains est constituée de grains fins (54,84 %), environ 3/7 représentent les grains moyens (43,45 %) et une partie peu signifiante des grains (1,70 %) appartient à la classe des grains grossiers.

Pour le gisement de Matagania, nous notons que plus de 98 % des grains sont de dimensions inférieures à 1 mm et se rapportent à l'or de la classe des grains fins et moyens. Les grains grossiers (supérieur à 1 mm) se rencontrent rarement. Les dimensions moyennes de cette classe varient de 1 à 3 mm ; en liaison étroite avec l'étude granulométrique, la détermination du pourcentage pondéral de chacune des classes est d'une grande importance pour l'élaboration des techniques d'extraction de l'or ; ainsi les grains de la **Classe I** représentent les 18,16 % de la masse totale, **Classe II** -

19,20 % ; **Classe III**-19,83 % ; **Classe IV**- 20,50 % ; **Classe V** – 22,25 %.

Ces données montrent que dans le gisement de Matagania, l'or fin représente 18,16 % de la masse totale des grains, l'or de dimension moyenne 59,59 % et l'or grossier 22,25 %. Pour une éventuelle exploitation de ce gisement, il faudra tenir compte du fait que la masse essentielle des grains (environ 60 %) est constituée de grains moyens dont les dimensions varient de 0,25 à 1 mm.

**Morphologie**

Les études morphologiques englobent la détermination du degré d'arrondissement, de la forme et du relief des grains d'or.

**Degré d'arrondissement des grains**

Les résultats ont permis de distinguer trois groupes de grains : grains non arrondis (23,42 %) ; grains pseudo arrondis (74,23 %) et grains arrondis (2,33 %).

Les grains d'or non arrondis sont représentés par les grains en forme de dendrites, de plaquettes ou ramifiés avec des contours irréguliers n'ayant presque pas subi de transport horizontal et vertical dans les alluvions et sont observés dans toutes les classes granulométriques ; des formes cristallines s'y rencontrent également.

Aux grains pseudo-arrondis se rapportent les grains ayant des formes isométriques ou allongées dans lesquelles à part les contours peu émoussés, s'observent des faces ployées et parfois de vides laissés par des inclusions de quartz ou des minéraux. Ils ont subi un transport insignifiant à travers les sables et les graviers fluviaux à la suite duquel les parties les plus minces sont recourbées ou cornues et leurs contours émoussés.

Les grains d'or arrondis se rencontrent très rarement et représentent à peine 2,33 % de l'ensemble des grains. Ils ont le plus souvent des formes faiblement allongées ou très rarement isométriques et ont été relativement objet d'un transport horizontal plus long. Les bords (arrêtes) sont complètement émoussés (arrondis). Certains comportent des stries par suite de transport et de choc mécanique dans les alluvions

Selon leurs formes les grains d'or du gisement alluvionnaire de Matagania se rapportent aux quatre groupes suivants :

Les grains en forme de dendrites : sont caractéristiques pour le gisement de Matagania. Ils sont représentés par des dendrites ramifiés ou par des grains de formes irrégulières ayant en surface de l'or secondaire. Le plus souvent se sont des grains moyens non arrondis, plats, allongés conservant des inclusions de quartz ou des vides. Ils représentent plus de 40 % d'Or du gisement et n'ont pas subi d'importants mouvements dans les alluvions.

- Les grains allongés : ils constituent le deuxième type de grains. Ils ont des formes allongées, minces, cylindriques, en plaquettes et ramifiées qui ont subi des actions mécaniques dans les dépôts fluviaux. Le rapport entre le diamètre et l'axe de la longueur des grains est le plus souvent de 1 : 3 à 1 : 5 ; ce type d'Or représente les 30 %, et sont caractéristiques pour les groupes de grains pseudo-arrondis et arrondis.

- Les grains plats : sont des formes d'écailles ou de formes plates. Ils ont le plus souvent des contours isométriques et allongés en plan et sont de petites grosseurs. Le rapport entre leur grosseur et leur largeur est de 1 : 10 et ils se rencontrent très rarement. Ce type représente les 10 % des grains et sont de dimensions plus grandes.

- Les grains isométriques : sont représentés par des grains de formes grossières (en morceau) non arrondis ou pseudo-arrondis avec des formes ovales, ils sont identifiés le plus souvent parmi les grains non arrondis avec des inclusions de quartz et autres minéraux,

• différents types morphogénétiques : l'interprétation des études granulométriques et des caractéristiques morphologiques de l'or du gisement alluvionnaire de Matagania permet de distinguer deux types morphogénétiques :

1. Les grains regroupant les formes non arrondies et celles pseudo-arrondies avec des contours isométriques ou en dendrites représentant ainsi les grains ayant subi un transport horizontal et vertical insignifiant ;

2. Les grains émoussés (arrondis) qui ont subi d'importants changements dans les alluvions considérées comme résultat d'un transport plus signifiant et représentent 2,33 % des grains.

**Caractéristiques morphométriques des micro-cristallites de l'or.**

L'Or alluvionnaire de Matagania se caractérise par la présence en surface de la majorité des grains d'une mince couche d'or, formée de très fins cristaux d'épaisseurs variant de 50 à 20 microns. Ces cristaux ont été identifiés au début en section polie sous microscope avec des grossissements supérieurs à 400-500 fois.

• Les grains regroupant les formes non arrondies et celles pseudo-arrondies avec des contours isométriques ou en dendrites représentant ainsi les grains ayant subi un transport horizontal et vertical insignifiants ;

• Les grains émoussés (arrondis) qui ont subi d'importants changements dans les alluvions considérées comme résultat d'un transport plus signifiant et représentent 2,33 % des grains

Dans la périphérie des grains, il a été observé une mince bande à éclat lumineux formant une raie de petits cristaux ayant des sections triangulaires ; ces cristaux ont été identifiés également sur des grains soumis à la corrosion.

Les études effectuées au microscope électronique à balayage (MEB) ont donné la possibilité de déterminer les caractéristiques morphologiques des micros-cristallites recouvrant les grains et de découvrir des formes cristallographiques intéressantes avec des grossissements atteignant parfois 12 000 fois. D'après nos renseignements, ces formes sont décrites pour la première fois dans la littérature.

L'analyse des données sur l'or alluvionnaire de Matagania nous a permis de distinguer trois générations d'Or :

1) L'Or de la I$^{ère}$ génération est représenté très généralement par des grains en forme de dendrites non émoussés et pseudo-émoussés et constitue la masse essentielle des grains. Très rarement, on rencontre parmi eux des grains émoussés sur lesquels on a identifié au MEB une structure sectorielle ou en macle polysynthétique. La structure sectorielle est due à l'action mécanique (choc, frottement, friction et autres).

L'Or de la première génération se caractérise par une structure rappelant celles des macles polysynthétiques. Celle-ci s'observe sur la majorité des grains.

2) L'Or de la IIème génération recouvre l'Or de la I$^{ère}$ génération et est caractérisé par une mince couche sous laquelle s'observe par endroit l'ossature de la première génération. Le caractère essentiel de cette seconde génération est qu'elle forme une mince « « écorce »' de petits cristaux d'Or de forme très variée en surface des grains.

Les formes généralement rencontrées sont des cubes octaédriques aplatis (111) avec un faible développement des faces de cube (100) soudées les unes aux autres et formant ainsi des couches de dendrites en surface des grains. Indépendamment de la variabilité des formes des cristallites, on y note une particularité typique : l'Or de la deuxième génération est formé de cristaux squelettiques et comporte des fissures et des vides.

3) L'Or de la III$^{ème}$ génération est plus tardif et est représenté par deux types de cristaux ayant des formes différentes : octaédrique et tétraédrique (210). Les octaèdres sont développés sur la structure spongieuse de la deuxième génération ; leurs faces sont bien régulières et ne comportent aucune déformation mécanique. Les tétraèdres sont très rares et se rencontrent le plus souvent sur l'Or de la première génération à travers les « 'fenêtres »' laissées par les cristaux squelettiques de la deuxième génération.

En conclusion, nous notons les faits suivants :

a) La présence des grains non émoussés et pseudo-émoussés ayant des structures en macles polysynthétiques dans le gisement alluvionnaire de Matagania et surtout l'absence de signes de déformation mécanique prononcés sur les grains sont en faveur d'un faible transport de l'Or à travers les dépôts alluviaux.

b) L'Or de la deuxième et troisième générations s'est formé in situ dans les alluvions ; il ne comporte aucun signe de déformation mécanique ; probablement au début de leur formation il ya eu mobilisation de l'Or colloïdal qui s'est recristallisé par la suite.

c) L'Or de la troisième génération a des cristaux bien formés et développés sur l'or de la deuxième génération (octaèdre) ; on y rencontre aussi des formes cristallines rares qui sont caractéristiques pour l'Or cristallisé à partir des solutions vraies à faible concentration.

d) Les cristaux d'Or de la deuxième et troisième générations se sont parfaitement conservés ce qui nous fait penser qu'ils se sont formés in situ dans les dépôts alluviaux du gisement.

### III - Propriétés physiques et composition chimique de l'or alluvionnaire de Matagania

#### Pouvoir réflecteur

Les résultats obtenus sur le pouvoir réflecteur de l'Or répondent de sa composition et dépendent avant tout de sa teneur en argent. Celui-ci a une grande influence sur le caractère et l'allure des courbes. Ces dernières ont été comparées aux données de Machairas (1970) et Svileva et Coll (1988). On y note une similitude de l'allure des courbes pour les grains d'Or à teneur analogue.

#### Microdureté

Des mesures ont été effectuées sur les grains de titre 942 ‰, 940 ‰, 936 ‰ et 906 ‰. Il a été établi que l'accroissement de la microdureté est fonction de la teneur des grains en argent. Le grain de 6,75 % Ag a la plus grande valeur en microdureté : 42,41 kgf/mm$^2$ ; celui de 5,84 % Ag a 40,50 kgf/mm$^2$. La différence entre eux n'est pas très significative à cause des variations relativement faibles des teneurs de leur composition : environ 0,4 % Au et 1 % Au. Ces résultats confirment les données obtenues par Machairas (1970) et prouvent l'existence d'une étroite corrélation entre la teneur en Ag et la microdureté des grains.

#### Analyses aux Rayons X

Les grains d'Or ont été soumis aux analyses par la méthode DEBEYE-SHERRER. Les résultats obtenus sont les suivants :

$a_0 = 4{,}071$ Å $\pm 0{,}005$ et $a_0 = 4{,}080$ Å $\pm 0{,}03$.

Ces données ont été comparées à celles du Selected Power … (1974) prises comme étalon avec pour titre 997,97 et $a_0 = 4{,}0786$ Å.

**Composition et Structure**

D'après les résultats d'analyse obtenus à la microseconde, l'Or du gisement de Matagania se rapporte à celui de très haute finesse. Le titrage de l'Or varie de 897 à 942 ‰ ; il est en moyenne de 922 ‰ ; la teneur de l'argent dans les grains est de 5,69 à 10,51 % avec une moyenne de 7,55 %.

Les analyses spectrales ont révélé la présence du Cu, Hg, Fe et des traces de quelques éléments : Mo, As, Pb, Te, Mg, Ca et Mn. Leurs teneurs sont assez faibles.

Toutes les investigations faites sur la composition de l'Or natif du gisement de Matagania confirment son titre élevé ; l'élément additif principal en son sein est l'argent avec de très faible teneur.

Une telle composition caractérise généralement l'Or provenant des gisements primaires formés dans les conditions de très hautes températures (Pétrosvskaya, 1973).

La structure interne des grains et la répartition de Au et Ag ont été étudiées à travers les line scanning et x-ray-mapping à la microsonde. Les résultats obtenus excluent l'existence des zonalités qui sont pourtant rencontrées sur la plupart des grains de gisements alluvionnaires (Latich, 1984). L'absence de zonalités est constatée aussi bien pour la répartition de l'or que de l'argent dans les grains. Il a été observé dans la périphérie des grains soumis à la corrosion une mince raie de 2-3 micron constituée d'Or à titre très élevé à travers laquelle se sont formés des petits cristaux isolés. En surface, certains grains se forment des lamelles rappelant la structure de macles polysynthétiques. Ces résultats confirment ceux de la microsonde et dénotent une répartition relativement homogène de l'Or et de l'argent dans les grains.

## IV- Origine de l'or, étapes de formation et genèse du gisement alluvionnaire de Matagania

### Origine de l'or

La détermination de l'origine de l'Or du placer de Matagania a été faite sur la base des résultats obtenus des études géologiques, géochimiques, des analyses de concentrés et des caractéristiques morphologiques de l'Or.

a) L'analyse de la structure géologique de la région et celle du gisement de Matagania ont permis d'établir l'existence de deux types minéralogiques de gisements filoniens : les filons aurifères quartzeux et les filons aurifères quartzeux à sulfure.

Les filons aurifères n'affleurent pas dans les limites du gisement de Matagania. On y rencontre en surface des morceaux de quartz (zone de test) et des anciennes tranchées d'exploitation d'or (zone 1) à 1,5 km du placer qui délimitent leur extension.

b) Les études géochimiques faites sur la zone de test ont permis d'identifier l'existence d'une anomalie liée à une auréole secondaire de dispersion d'Or. Cette anomalie a été prouvée par les analyses aréométriques et spectrales (ICP) dans presque tous les échantillons prélevés. Elle est orientée vers le Nord et révèle un maximum de concentration en Au à proximité de la rivière Matagania.

c) Les caractéristiques morphologiques de l'or montrent que 96,65 % des grains sont constitués de grains non arrondis et pseudo-arrondis.

On y rencontre des formes de dendrites, ramifiées, allongées avec des inclusions de quartz et d'autres. D'après ces données, l'Or de Matagania est formé de grains n'ayant pas été l'objet d'un long transport dans les dépôts alluviaux et prouve qu'il provient essentiellement de la zone, non loin de son milieu d'accumulation.

d) De par sa composition chimique, il est établi que l'or de Matagania est d'un titre très élevé (en moyenne 922 ‰) avec en son sein une répartition homogène de l'argent (en moyenne 7,55 %). Les résultats obtenus à la microsonde et à travers les grains soumis à la corrosion confirment cette dernière.

Les études effectuées sur les inclusions fluides dans les quartz ont permis de définir deux maximums pour les températures d'homogénéisation 338 °C à 218 ° C et 265 à 223 °C.

L'interprétation des données ci-dessus nous permet de conclure que :

- L'Or du placer de Matagania n'a pas subi de transport important dans les dépôts alluviaux ;
- L'origine de cet or est liée réellement aux filons quartzeux aurifères situés en amont de la rivière Matagania (zone 1 et autres filons analogues). Une infime partie de l'or accumulé dans le placer provient de la zone de « test » ;
- La zone 1 et la zone de « test » représentent un intérêt certain pour la recherche des gisements filoniens primaires.

**Étapes de formation et genèse du placer**

L'interprétation des données nous permet de considérer à propos de la formation du gisement de Matagania les étapes suivantes :

<u>Étape I</u> : (début du quaternaire) : elle se caractérise par l'accumulation sur les roches cristallines du précambrien des alluvions très fins et l'Or natif de la première génération. Le dépôt de l'Or s'est effectué dans les conditions de milieu acide riche en $O_2$.

<u>Étape II</u> : (quaternaire moyen) : au cours de cette étape, il ya eu lithification des alluvions (représentés de nos jours

par les conglomérats, grès graveleux, argilites), peneplénation des placers, l'apparition du milieu réduit dans les placers et dépôt en surface des grains d'Or de la deuxième et troisième génération.

Étape III : (quartenaire tardif) : elle se caractérise par des soulèvements tectoniques du terrain, l'érosion des placers endurés, transport et ré-dépôt de nouvelles alluvions dans les auges fluviales. Ce processus entraîne un mélange de matériaux des placers alluviaux et déluviaux. Ceci est probablement à l'origine de la faible concentration des alluvions récents en Or. Le régime de nouveau devient acide au cours de cette étape.

Étape IV :(contemporaine) : le processus de pénétration est repris et provoque le passage graduel des dépôts alluviaux aux déluvio-éluviaux sur les pentes et les berges des rivières. On note l'existence d'un nouveau régime (milieux réduit) en profondeur, qui crée les conditions favorables in situ au dépôt en surface des grains de l'Or de la deuxième et troisième générations.

**Genèse des placers**

Le gisement alluvionnaire de Matagania est un exemple de gisement aurifère se rapportant aux formations polygénétiques dont la mise en place est contrôlée par plusieurs étapes.

La formation du placer se caractérise par deux dépôts de l'Or : l'un dans les anciennes alluvions et l'autre dans les alluvions récentes. Parfois il existe un passage graduel des alluvions aux déluvions.

Le caractère polygénétique s'explique par l'accumulation des grains d'Or de la première génération dans les alluvions par voie mécanique et la formation en surface des grains de l'Or de la deuxième et troisième générations à partir des solutions colloïdales riches en Au (Voie chimique).

La cristallisation de l'Or de deuxième et troisième générations s'est effectuée au cours des deux étapes de pénéplanation des placers (en profondeur dans les conditions de milieu réduit).

## V-Contribution scientifique et pratique

Les études effectuées sur le gisement aurifère de Matagania ont permis d'obtenir les résultats essentiels suivants :

### A- Apports scientifiques

1.Pour la première fois, on réalise une étude morphométrique sur l'Or alluvionnaire de Matagania au Nord-Est de la Guinée considéré comme un exemple de gisement formé dans les conditions tropicales en Afrique occidentale. Les résultats les plus caractéristiques de cette étude sont les suivants :

a) Les dimensions des grains d'Or dominant varient de 0,25 à 1 mm de diamètre (plus de 90 % du nombre total sont des grains fins et menus) ;

b) Les grains non arrondis (non émoussés) et pseudo arrondis en forme de dendrites ou allongés sont prédominants ; ils constituent plus de 90 %, parmi lesquels 40 % sont des dendrites ;

c) Le titre de l'Or natif est très élevé, en moyenne il est de 922 ‰ ; l'argent est l'élément additif essentiel de l'Or de Matagania. Sa teneur moyenne est de 7,5 % et il se répartit de façon relativement homogène dans les grains.

2.Les propriétés physiques de l'or ayant été l'objet d'études sont le pouvoir réflecteur, la microdureté, la structure interne et les caractéristiques inter- réticulaires. Les résultats obtenus prouvent que l'Or étudié est d'un titre très élevé et ceux-ci confirment l'existence d'une corrélation entre les propriétés physiques et la teneur en argent dans l'Or.

3.Dans la zone d'étude, il a été établi l'existence de deux types de gisements morphologiques :

a) des filons quartzeux aurifères à sulfures et des filons aurifères quartzeux ;

b) les gisements aurifères alluvionnaires qui sont représentés par des placers alluviaux et alluvio-déluviaux.

Les caractéristiques des filons minéralisés et la présence de l'Or natif dans le quartz ont été établies pour la zone d'étude ; aussi, une des premières descriptions minéralogiques caractérisant le placer de Matagania a été faite sur les échantillons des concentrés ; la présence de Hf est signalée dans les zircons.

4.Sur la base des données géologiques et géochimiques, et des études morphologiques de l'Or, il a été démontré que les filons aurifères quartzeux et les régions environnantes situées à 1,5 -2 km de la rivière Matagania sont les principales sources d'approvisionnement de l'Or accumulé dans le placer. L'Or est entraîné de la zone de test et de la zone 1 vers les dépôts fluviaux à la suite de désintégration du quartz aurifère.

5.À l'aide du microscope électronique à balayage (M.E.B), il a été établi pour la première fois dans la littérature l'existence sur les grains de l'Or redéposée in situ de deuxième et troisième génération. Cet Or est représenté par les petits cristaux en forme d'octaèdre, de squelette ou de dendrite. Le transport de l'Or s'est effectué probablement par des eaux enrichies en acides humiques. Le dépôt de l'Or en surface des grains se réalise dans les conditions de milieu réduit et en de grandes profondeurs.

6.Il a été distingué quatre grandes étapes ayant contrôlé la formation du gisement alluvionnaire de Matagania à travers lesquelles il ya eu deux fois dépôt d'or dans les alluvions, lithification de ces derniers, formations de la sidérite et de l'Or de la deuxième et troisième génération.

7.La genèse du gisement a été déterminée. Elle est du type alluvio-déluvial formé dans les conditions d'altération en zone tropicale ; son origine est polygénétique ayant connu plusieurs étapes.

**B-Apports pratiques et suggestions**

1. Le choix de la technique d'extraction de l'Or de Matagania doit tenir compte du fait que les 80 % en poids de la réserve du gisement se rapportent à des grains d'Or très fins et menus.

2. Pendant l'exploitation, il ya lieu de prendre en considération la quantité non négligeable des morceaux de quartz qui peuvent donner une importante masse d'Or supplémentaire après concassage, cyanuration et amalgamation. Il n'est recommandé d'utiliser la fraction sableuse et le reste des minéraux comme matériaux de construction qu'après traitement et récupération de l'Or qu'ils contiennent.

3. Une prospection préliminaire est envisageable aussi bien pour la zone de test que pour la zone 1 en vue de prouver l'existence de filons minéralisés.

4. Nous suggérions la poursuite des travaux de recherche sur les dépôts alluviaux anciens qui recèlent les plus fortes concentrations en Or.

# BIBLIOGRAPHIE

1- Ibrahima. SOUMAH ; *Avenir de l'industrie minière en Guinée, L'*Harmattan-Guinée ; 2007

2- EGA (2016) : Études de faisabilité du projet d'échantillonnage de Bauxite_Guinea Alumina Corporation S.A ; 2016

3- SIDEM S.A: Travaux de recherche et de prospection d'OR et Diamant (rapport 1995) ;

4 – ITIE (2013) : Rapport de conciliation des flux de paiements et des recettes du secteur extractif au titre de l'année 2O12 ;

5 – SIDEM S.A : Études de faisabilité du projet de mise en valeur du gisement alluvionnaire de Diamant et d'OR Bas Milo ; 1995

6 – Dr Fodé DIABY : Commerce et Production artisanale Or et Diamant ; MMG ; (2003)

7 – Dr Fodé DIABY : Relance et mise en œuvre du projet SBDT ; (2001)

8 – Diallo Th Shita : La Bauxite ; 2013

9 – MMG (2016) : Code minier de la République de Guinée- L'Harmattan Guinée ; 2016

10 – Dr Fodé DIABY : La Mine Artisanale et Mines à petites échelles ; 2002

11 – RDA N° 92 : Séminaire Économique sur la Guinée ;

12 – MMG : Forum international sur le Secteur minier guinéen _Conakry ; 2004

13 – MMG : Journées de réflexion sur les problèmes miniers en Guinée _Conakry ; 1989

17- Dr Fodé DIABY : l'Or alluvionnaire de Matagania en Guinée -Thèse de Doctorat ; 1989

14 – Dr Fodé DIABY : SBDT Historique et réalités de développement ; 2010

15 – Dr Fodé DIABY : Situation actuelle de la SBDT, perspectives de développement, impact socio-économique et environnemental ; 2010

16 – Dr Fodé DIABY : Transport de la bauxite de Dabola-Tougué par le système de pipeline -Symposium minier 2008, Conakry ; (2008)

18 – Dr Fodé Diaby : Gisement aurifère de Guinée Mininfo/MMGE. 2000

## TABLE DES MATIÈRES

## Guinée-Conakry

## aux éditions L'Harmattan

*Dernières parutions*

**ET VINT LE VIRUS EBOLA**
**Rumeurs, stupeurs et réalités en Guinée**
*Diallo Abdoul Goudoussi*
Le dernier quart du XXe siècle a connu l'apparition de nouvelles épidémies d'une ampleur et d'une gravité sans précédent : c'est le cas du virus Ebola, apparu en 1976 dans l'ex-Zaïre et qui vient d'affecter profondément l'Afrique de l'Ouest en 2014. L'auteur, résidant en Guinée, donne un témoignage de la perception de la maladie par les communautés et citoyens de son pays et de la sous-région, entre rumeurs, stupeurs et réalités. L'ouvrage relate aussi la mobilisation pour la riposte contre Ebola, afin de rompre la chaîne de contamination, et présente les conséquences collatérales de la maladie.
*(Harmattan Guinée, 11.50 euros, 80 p.)*
*ISBN : 978-2-343-06100-9, ISBN EBOOK : 978-2-336-37508-3*

**L'AFFAIRE ALPHA CONDÉ VUE PAR UN TÉMOIN DU PROCÈS**
*Konaté Ibrahima Kalil*
Incarcéré depuis le second tour de l'élection présidentielle de décembre 1998 sur l'ordre du président Lansana Conté, Alpha Condé est accusé d'avoir fomenté un complot contre la vie du chef d'État guinéen. L'auteur retrace ici les moments les plus forts du procès, les propos et les attitudes qui caractérisent la justice, mais aussi la société guinéenne dans son ensemble. Il a le souci de restituer la vérité et de montrer comment la justice et la politique ont fonctionné en Guinée.
*(Harmattan Guinée, 30.00 euros, 294 p.)*
*ISBN : 978-2-343-06106-1, ISBN EBOOK : 978-2-336-37518-2*

**LE PRÉSIDENT AHMED SÉKOU TOURÉ, MA FEMME ET MOI**
*Guilavogui Georges Koly*
Voici un témoignage né d'un devoir citoyen et patriotique : en effet, l'auteur est considéré tantôt comme une victime miraculée du régime Sékou Touré, tantôt comme un jeune téméraire qui a tenu tête au président. À travers quelques événements, l'auteur souhaite permettre de mieux connaître l'homme Ahmed Sékou Touré dans ses dimensions sociale, humaine et politique, même si le principal artisan de l'indépendance nationale a suscité et suscite encore des prises de position contradictoires entre ses admirateurs et ses détracteurs.
*(Harmattan Guinée, 21.00 euros, 212 p.)*
*ISBN : 978-2-343-06105-4, ISBN EBOOK : 978-2-336-37520-5*

**EL HADJ BOUBACAR BIRO DIALLO AU PERCHOIR DE L'ASSEMBLÉE NATIONALE MULTIPARTITE DE LA RÉPUBLIQUE DE GUINÉE (1995-2002)**
*Diallo Mamadou Saliou, Diallo Mody Sory - Préface de Lamine Kamara*
L'ambition de ce livre est de faire connaître au grand public le travail accompli par l'Assemblée nationale guinéenne entre 1995 et 2002, la première législature multipartite du pays après l'indépendance. L'ouvrage veut faire connaître aux lecteurs les réalités de l'histoire politique d'un pays engagé sur la voie de la démocratisation, et présenter un homme qui s'est distingué dans la lutte pour la construction d'un État de droit en République de Guinée, à travers des anecdotes, des témoignages, des repères biographiques et une retranscription de ses discours.
*(Harmattan Guinée, 34.00 euros, 334 p.)*
*ISBN : 978-2-343-05183-3, ISBN EBOOK : 978-2-336-37495-6*

**LE SCANDALE GÉOLOGIQUE GUINÉEN**
*N'Diaye Ibrahima Sory - Préface d'Ibrahima Soumah*
Cet ouvrage fait un état des principales ressources minières de la Guinée. Il évoque les grandes étapes des travaux géologiques et miniers entrepris dans le pays ainsi que les résultats qui en ont découlé. Se fondant sur l'analyse du contexte géologique, l'auteur estime que le sol et le sous-sol de la Guinée n'ont pas fini de livrer la totalité de leurs secrets. Il invite donc à la poursuite des travaux de recherche d'ordre stratégique et tactique dans les zones considérées comme porteuses.
*(Harmattan Guinée, 15.50 euros, 142 p.)*
*ISBN : 978-2-343-06109-2, ISBN EBOOK : 978-2-336-37594-6*

**LA GESTION DES RISQUES PROFESSIONNELS ET ENVIRONNEMENTAUX**
**Dans le domaine minier guinéen**
*N'Diaye Ibrahima Sory - Préface de Kémoko Touré*
Les contraintes réglementaires et de résultats qui s'attachent à la gestion des risques sont devenues si fortes que la performance d'une entreprise dépend «viscéralement» de la maîtrise des risques inhérents à son fonctionnement, à son environnement, à ses ressources, à sa production et au système dans lequel elle opère. Sur la base du vécu professionnel et dans un style pragmatique, cet ouvrage propose des outils adaptables aux contraintes managériales et opérationnelles, particulièrement dans le domaine minier.
*(Harmattan Guinée, 21.00 euros, 196 p.)*
*ISBN : 978-2-343-06101-6, ISBN EBOOK : 978-2-336-37596-0*

**AUTOSUFFISANCE ALIMENTAIRE DE LA GUINÉE**
**Une longue bataille, de 1958 à nos jours**
*Keita Mamy*
Cet ouvrage est une revue de la politique agricole mise en oeuvre sous la colonisation, en Guinée, et 50 ans après celle-ci. Il s'articule autour du vaste et sensible sujet de l'autosuffisance alimentaire, dont la réalisation demeure encore le principal défi national à relever, et cela depuis l'accession du pays à la

souveraineté nationale en 1958. Ce livre fait un examen détaillé et une analyse critique de l'ensemble des actes politiques, administratifs, et techniques qui ont contribué à ce triste résultat, en tirant les leçons utiles qui s'imposent en ce qui concerne les décisions futures.
*(Harmattan Guinée, 27.00 euros, 274 p.)*
*ISBN : 978-2-343-06104-7, ISBN EBOOK : 978-2-336-37505-2*

**PLAN D'ACTION NATIONAL D'ADAPTATION AUX CHANGEMENTS CLIMATIQUES (PANA)**
*Ministère de l'Environnement, des Eaux et Forêts*
*Préface de Mahmoud Camara*
En ratifiant en 1993 la convention-cadre des Nations unies sur les changements climatiques, la Guinée s'est engagée à œuvrer pour une politique de développement durable. Le Plan d'action national d'adaptation aux changements climatiques se fixe comme but d'exposer les mesures urgentes à entreprendre pour s'adapter aux effets néfastes des changements climatiques : amélioration de la desserte en eau, particulièrement en milieu rural, protection de la zone côtière, sauvegarde des formations forestières, etc.
*(Harmattan Guinée, 20.00 euros, 190 p.)*
*ISBN : 978-2-343-06126-9, ISBN EBOOK : 978-2-336-37595-3*

**LE KANIA SOLI**
**Ode et danse traditionnelles guinéennes**
*Fofana Abdoulaye Sayon*
Le soli, à la fois ode et danse traditionnelle, célèbre les garçons circoncis et les filles excisées, tout en rendant hommage à leurs parents. Ce soli, qui a évolué dans le temps, est inséparable de laga, l'école secrète, yongoyoli, le chargé de la circoncision, de bili, liqueur qui met en transe, et de fendali, un savoir inculqué par le moyen d'énigmes dans une civilisation de l'oralité. Le kania soli est une danse de duel et d'affrontement entre les protagonistes.
*(Harmattan Guinée, 11.00 euros, 70 p.)*
*ISBN : 978-2-343-06107-8, ISBN EBOOK : 978-2-336-37521-2*

**LA GUINÉE FACE À SES PRISONS**
**Rapport de la Commission pénitentiaire**
*Membres de la Commission pénitentiaire du ministère de la Justice de la République de Guinée*
*Avant-propos de Mamadou Aliou Barry*
Dans le souci d'évaluer objectivement la lutte pour l'amélioration des conditions générales de détention, la Commission pénitentiaire a mené une enquête dans les centres de détention opérationnels du pays. Ce rapport, assorti de recommandations, est publié dans le but de permettre au gouvernement et à l'Assemblée nationale d'avoir en leur possession des informations à jour afin d'agir efficacement pour l'amélioration du système pénitentiaire guinéen et la professionnalisation des agents des services pénitentiaires.
*(Coll. Harmattan Guinée, 13.50 euros, 122 p.)*
*ISBN : 978-2-343-05881-8, ISBN EBOOK : 978-2-336-37244-0*

**TRANSITION MILITAIRE ET ÉLECTION PRÉSIDENTIELLE 2010 EN GUINÉE**
**L'indépendance piégée**
*Tolno Charles-Pascal*
La Guinée a souvent vécu des moments tumultueux. Après la colonisation refusée, en vain, par de grands combattants, il y eut l'indépendance nationale, marquée par la puissante personnalité du président Sékou Touré. Puis ce fut l'ère du général Lansana Conté, nationaliste convaincu, solide dans ses convictions politiques et sociales. À sa mort, une transition militaire, engagée par le capitaine Moussa Dadis Camara, prit la gestion du pays en main.
*(Coll. Études africaines, série Politique, 28.00 euros, 274 p.)*
*ISBN : 978-2-343-05454-4, ISBN EBOOK : 978-2-336-37368-3*

**LA MIGRATION POUR ÉTUDES**
**L'expérience du retour et du non-retour des diplômés guinéens après une formation au Canada**
*Barry Mamadou Gando*
Quelles sont les motivations des étudiants guinéens à poursuivre leurs études au Canada ? Quelles raisons ont poussé certains diplômés à prendre le chemin du retour après leur formation au Canada et d'autres à demeurer dans le pays d'accueil ? Après avoir répondu à ces questions, l'auteur s'est intéressé à l'insertion ou réinsertion sociale, familiale et professionnelle des diplômés retournés en Guinée ou installés au Canada.
*(Coll. Études africaines, 25.00 euros, 254 p.)*
*ISBN : 978-2-343-05707-1, ISBN EBOOK : 978-2-336-37489-5*

**TRANCHANTES CHRONIQUES**
*Thiâ'nguel Soulay - Préface d'Alpha Bacar Barry*
L'auteur nous offre là un livre alléchant, voire dérangeant. C'est le premier recueil de ses célèbres chroniques, en particulier celles connues sous le titre *Les Tranchantes de Thiâ'nguel*, diffusées quotidiennement sur Lynx FM. Elles sont rédigées dans une langue terriblement musicale, franchement provocante, délibérément rebelle, et affranchie de toute censure sociétale ou muselière mentale...
*(Harmattan Guinée, 27.00 euros, 274 p.)*
*ISBN : 978-2-343-06097-2, ISBN EBOOK : 978-2-336-37519-9*

**FRIA, UNE HISTOIRE DE RÉUSSITES ET DE RENDEZ-VOUS MANQUÉS**
*Souaré Sékou - Préface d'Alfa Oumar Rafiou Barry*
Ce livre est constitué pour l'essentiel des mémoires de l'auteur sur cette usine d'alumine. Il retrace l'histoire de la société (de Pechiney à Rusal), depuis ses origines, en passant par la présentation de ses différents gestionnaires ainsi que les crises traversées. L'accent est mis sur les enjeux techniques, la formation, et surtout la problématique de la pérennité d'une industrie de transformation de bauxite en Guinée.
*(Coll. Harmattan Guinée, 13.00 euros, 104 p.)*
*ISBN : 978-2-343-05097-3, ISBN EBOOK : 978-2-336-36872-6*

**L'HARMATTAN ITALIA**
Via Degli Artisti 15; 10124 Torino
harmattan.italia@gmail.com

**L'HARMATTAN HONGRIE**
Könyvesbolt ; Kossuth L. u. 14-16
1053 Budapest

**L'HARMATTAN KINSHASA**
185, avenue Nyangwe
Commune de Lingwala
Kinshasa, R.D. Congo
(00243) 998697603 ou (00243) 999229662

**L'HARMATTAN CONGO**
67, av. E. P. Lumumba
Bât. – Congo Pharmacie (Bib. Nat.)
BP2874 Brazzaville
harmattan.congo@yahoo.fr

**L'HARMATTAN GUINÉE**
Almamya Rue KA 028, en face
du restaurant Le Cèdre
OKB agency BP 3470 Conakry
(00224) 657 20 85 08 / 664 28 91 96
harmattanguinee@yahoo.fr

**L'HARMATTAN MALI**
Rue 73, Porte 536, Niamakoro,
Cité Unicef, Bamako
Tél. 00 (223) 20205724 / +(223) 76378082
poudiougopaul@yahoo.fr
pp.harmattan@gmail.com

**L'HARMATTAN CAMEROUN**
BP 11486
Face à la SNI, immeuble Don Bosco
Yaoundé
(00237) 99 76 61 66
harmattancam@yahoo.fr

**L'HARMATTAN CÔTE D'IVOIRE**
Résidence Karl / cité des arts
Abidjan-Cocody 03 BP 1588 Abidjan 03
(00225) 05 77 87 31
etien_nda@yahoo.fr

**L'HARMATTAN BURKINA**
Penou Achille Some
Ouagadougou
(+226) 70 26 88 27

**L'HARMATTAN SÉNÉGAL**
10 VDN en face Mermoz, après le pont de Fann
BP 45034 Dakar Fann
33 825 98 58 / 33 860 9858
senharmattan@gmail.com / senlibraire@gmail.com
www.harmattansenegal.com

**L'HARMATTAN BÉNIN**
ISOR-BENIN
01 BP 359 COTONOU-RP
Quartier Gbèdjromèdé,
Rue Agbélenco, Lot 1247 I
Tél : 00 229 21 32 53 79
christian_dablaka123@yahoo.fr

Achevé d'imprimer par Corlet Numérique - 14110 Condé-sur-Noireau
N° d'Imprimeur : 134965 - Dépôt légal : janvier 2017 - *Imprimé en France*

www.ingramcontent.com/pod-product-compliance
Lightning Source LLC
LaVergne TN
LVHW011303061026
849535LV00005B/1375